FÜR UNS!

DIESES BUCH GEHÖRT:

....

....

....

OLAF BRUMMEL

GANZ FIX
FÜR DEN THERMOMIX®

DIE SCHNELLSTEN FAMILIEN-REZEPTE
FÜR JEDEN TAG

VORWORT

Wie heißt es so schön: „Hunger ist der beste Koch!“ Wohl wahr, allerdings verführt er auch dazu, sich rasch eine Tiefkühlpizza in den Ofen zu schieben oder unterwegs doch noch schnell ein Sandwich zu verdrücken – wenn man Hunger hat, dann muss es schnell gehen!

Ich bin da natürlich keine Ausnahme, aber als Genießer brauche ich selbst mit knurrendem Magen was köstliches Frisches auf den Teller: Mein absoluter Favorit sind Suppen wie die Möhrensuppe mit Linsen und Minze von Seite 74 oder das schokoladige Chili con Carne von Seite 75 – superfix gemacht und superlecker!

Alle Rezepte in diesem Buch habe ich mit dem Thermomix® TM5 entwickelt und ausprobiert. Auf keines der Gerichte müssen Sie lange warten, für meine All-in-one-Rezepte brauchen Sie noch nicht mal Ofen oder Pfanne: Da kommt gleich das komplette Gericht inklusive Beilage aus der Küchenmaschine. Ruck, zuck fertig und absolut hitverdächtig ... Genau mein Geschmack!

Viel Spaß beim Nachkochen und Ausprobieren

Ihr

INHALT

WIR HABEN HUNGER!

Kennen Sie das: Ein langer Arbeitstag liegt hinter Ihnen, die Haustür fällt ins Schloss und Ihr Blutzuckerspiegel ist im Keller? Gleichzeitig schleichen alle Familienmitglieder schon mit knurrenden Mägen um den Esstisch? Die Stimmung droht zu kippen? Lebensretter Nummer eins in solchen Situationen: die Rundum-sorglos-Küchenmaschine! Denn mit ihr zaubern Sie im Handumdrehen frische Leckereien auf den Tisch. Versuchen Sie doch mal, am Anfang der Woche Ihre Mahlzeiten zu planen und dementsprechend einzukaufen – dann brauchen Sie zu Hause nur noch das Gerät befüllen!

FÜNF TIPPS, WIE ES HERRLICH SCHNELL GEHT

Lesen Sie das Rezept durch und werfen Sie zuallererst einen Blick in den Kühlschrank: Nichts ist ärgerlicher, als wenn man mittendrin beim Kochen merkt, dass eine Zutat fehlt!

Stellen Sie alles bereit, was Sie brauchen

Die Schränke während des Kochens zu durchsuchen, vergeudet Zeit!

+ Keine Zeit gehabt zum Einkaufen? Tiefgekühltes Gemüse oder Kräuter sind auch mal eine Alternative.

+ DENKEN SIE VORAUS: Mit Ihrem Küchengerät können Sie prima Zutaten wie Puderzucker, Marmelade oder Paniermehl für den Vorrat zaubern.

Oder auch mal vorauskochen: Tomatenketchup hält sich gekühlt etwa zwei Wochen. Oder die Gemüsesuppe in doppelter Menge machen und die Hälfte einfrieren.

WAS BRAUCHT WIE LANGE? GARZEITENTABELLE

WAS	WIE VIEL	WIE LANGE
Spargel	800 g	23–35 Min./Varoma
Paprikaschoten	500 g	15 Min./Varoma
Möhren	800 g	30 Min./Varoma
Erbsen (TK)	500 g	16–18 Min./Varoma
Kartoffeln	800 g	25–30 Min./Varoma
Grüne Bohnen	800 g	25–30 Min./Varoma
Zucchini	800 g	25 Min./Varoma
Nudeln	300 g	13–15 Min./Varoma
Langkornreis	250 g	30 Min.
Bulgur	300 g	3 Min.

MIXEN – ABER SICHER!

So praktisch die „Küchenrakete“ ist: Der Motor dieses Geräts ist äußerst leistungsstark, die Wärmefunktion ersetzt eine Herdplatte und im Varoma entsteht heißer Wasserdampf – alles gute Gründe, um ein paar Sicherheits-Basics zu verinnerlichen. Bei jedem Gebrauch muss der Mixtopfdeckel aufgesetzt und korrekt arretiert werden, sonst startet das Küchengerät erst gar nicht. Nach dem Kochen lässt sich der Mixtopf inklusive Messer unkompliziert im Geschirrspüler reinigen. Und zum Spülen zwischendurch reicht es, den Mixtopf mit etwas Wasser und einem Spritzer Spülmittel laufen zu lassen.

+ VORSICHT

ist geboten beim Pürieren von heißen Suppen: Es besteht Verbrennungsgefahr durch Spritzer! Grundsätzlich sollte bei heißem Topfinhalt die Drehzahl nur langsam erhöht werden, um zu verhindern, dass Heißes aus dem Mixtopf spritzt.

Passen Sie mit dem Messer auf! Es ist extrem scharf und muss vorsichtig gereinigt werden. Es lässt sich von unten aus dem Mixtopf entfernen, sodass Sie mit den scharfen Klingen erst gar nicht in Berührung kommen.

+ Beim Dampfgaren keinen Messbecher einsetzen – denn der sich bildende heiße Wasserdampf muss durch die Öffnung entweichen können.

Im Varoma braucht der Wasserdampf seine Freiheit. Deshalb immer ein paar Schlitze im Boden frei lassen und genügend Wasser in den Mixtopf geben – und beim Öffnen aufpassen, dass Sie dem heißen Dampf ausweichen!

Falls (kleine) Kinderköche im Haushalt leben: Das Gerät kann per Code gesperrt und wieder entriegelt werden.

Beim Zerkleinern von Lebensmitteln bitte immer den Messbecher aufsetzen! Denn kleine Teile könnten möglicherweise aus dem Mixtopf herausgeschleudert werden.

+ SICHERER STAND

Ihr Küchengerät braucht während des Kochens den nötigen Halt: Vergewissern Sie sich deshalb, dass die Saugnäpfe gut auf ebenem Untergrund greifen und das Gerät immer gerade steht. Wenn Sie dampfgaren wollen, achten Sie darauf, dass genug Platz nach oben frei ist – damit der Wasserdampf gut abziehen kann.

+ TIPP

Die maximale Füllhöhe bitte beachten – sonst besteht Überlaufgefahr.

DER TURBO IN DER KÜCHE: DAS IST BESONDERS SCHNELL FERTIG!

Der ganz große Vorteil dieser Kombigeräte liegt darin, dass verschiedene Funktionen perfekt kombiniert werden können: Das Gemüse für die Suppe wird gekocht, püriert und erwärmt, ohne dass es auch nur einmal aus dem Mixtopf umgefüllt werden muss. Der Risotto wird erhitzt und gleichzeitig sanft gerührt, ohne dass man selbst danebenstehen und den Kochlöffel schwingen muss – gesparte Zeit, die man bestens dafür nutzen kann, schon mal den Tisch zu decken.

ZWEI KLASSIKER FIX GEMIXT

SCHOKOPUDDING

ZUTATEN
50 g Vollmilchschokolade
500 g Milch
1 Ei
20 g Zucker
20 g Speisestärke

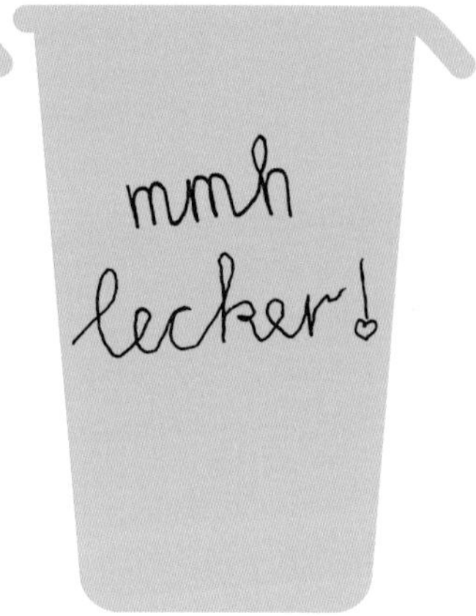

Die Schokolade im Mixtopf 10 Sek./Stufe 8 zerkleinern. Den Rühraufsatz einsetzen, die übrigen Zutaten hinzufügen und 6 Minuten 30 Sek./100 °C/ Stufe 2 bis 3 kochen.

TIPP: Der Pudding schmeckt auch superlecker mit Zartbitter- statt Vollmilchschokolade und einem Schuss Amaretto – natürlich nur, wenn keine Kinder mitessen!

BASILIKUMPESTO

ZUTATEN
2 Handvoll Basilikumblätter
50 g Pinienkerne
100 g Parmesan
1 TL Salz
200 g Olivenöl

oder Petersilie

oder Bärlauch

Das Basilikum waschen und trocken schütteln. Den Parmesan im Mixtopf 10 Sek./Stufe 10 zerkleinern. Die übrigen Zutaten hinzufügen und 20 Sek./Stufe 7 pürieren. Das Pesto in ein sauberes Glas füllen und kühl aufbewahren.

TIPP: Das Basilikum kann man auch durch Petersilie oder Bärlauch ersetzen. Mit etwas Olivenöl bedeckt, hält das Pesto mehrere Wochen.

WAS?! DAS GEHT SO AUCH?

Fix mixen, rühren und mahlen lassen sich tausend Köstlichkeiten, aber das ist noch lang nicht alles! Die vielen Funktionen, die ein solches Multitalent bietet, lassen sich auch bestens einsetzen, wenn mal keine Lebensmittel verarbeitet werden sollen. Praktisch für die Hygiene in der Küche, für kreative Vorbereitungen oder dann, wenn Kinder mit im Haushalt leben: Sehen Sie Ihr Gerät doch einfach mal aus einem ganz neuen Blickwinkel!

KNETE FÜR KINDER

ZUTATEN
1 EL Öl
200 g Mehl
100 g Salz
5 g Zitronensäure
Lebensmittelfarbe

Das Öl mit 250 g Wasser im Mixtopf 4 Min./Stufe 1 kochen. Die Masse auf 60 °C abkühlen lassen.

Mehl, Salz und Zitronensäure dazugeben und 1 Min./Teigstufe kneten, Lebensmittelfarbe dazugeben und 1 Min./Teigstufe verrühren.

Die fertige bunte Knetmasse aus dem Mixtopf herausnehmen und unbedingt luftdicht verpacken. Falls sie doch mal trocken werden sollte: über Nacht in ein feuchtes Küchentuch einwickeln.

ZUM OSTEREIERFÄRBEN

Die rohen weißen Eier mit der Ostereierfarbe in kleine Plastikbeutel füllen, diese sorgfältig verschließen und in den Varoma-Einlegeboden geben. 25 Min./Varoma/Stufe 1 garen, die Tüten herausnehmen und die Eier abgießen. Wer will, poliert die kunterbunten Schönheiten noch mit einigen Tropfen neutralem Öl.

MARMELADENGLÄSER UND BABYFLASCHEN STERILISIEREN

500 g Wasser in den Mixtopf füllen. Saubere Gläser oder Flaschen in den Varoma legen, aufsetzen und 15 Min./Varoma/Stufe 2 auskochen. Varoma absetzen, Gläser und Flaschen auf einem sauberen Küchentuch trocknen lassen.

KIRSCHEN ENTSTEINEN FÜR EIN KIRSCHKERNKISSEN

1 kg Sauer- oder Süßkirschen im Mixtopf 1 Min./Stufe 4 rühren. Das Kirschmus durch ein Sieb streichen und die Kerne behalten. (Aus dem Kirschmus am besten Konfitüre kochen.) Die Kirschkerne im Mixtopf mit Wasser bedecken, 1 Spritzer Geschirrspülmittel dazugeben und 2 Min./Stufe 4 reinigen. Die Kerne in ein Sieb abgießen, unter fließendem Wasser abspülen und an der Luft trocknen lassen – perfekt für ein selbst gemachtes Kirschkernkissen!

+ TIPP

Ist das Gerät mal besonders stark verschmutzt, lassen Sie etwas Essigwasser einwirken.

KAPITEL 1

KICK START

Das hier geht raus an alle Morgenmuffel und Frühaufsteher, an Müsli-Esser und Smoothie-Schlürfer, an die, denen der Magen schon im Bett knurrt, und an die, die am liebsten erst mittags frühstücken: Genießen Sie Ihre erste Mahlzeit! Schließlich startet man nur einmal in einen neuen Tag — und je besser das Frühstück, desto gelassener reagieren wir auf alles, was uns erwartet. So kann der Tag kommen!

GANZ FIX

+ BROTZEIT!

OB DAS BROT FERTIG IST, KANN MAN HÖREN: AUF DIE UNTERSEITE KLOPFEN. WENN ES HOHL KLINGT, IST ES SO WEIT!

MEDITERRANES BAGUETTE MIT TOMATENBUTTER

1 Bereits 1 Stunde vor dem Backen alle Zutaten aus dem Kühlschrank nehmen, damit sie dieselbe Temperatur haben.

2 Den Backofen auf 210 °C vorheizen. Das Mehl kurz im Backofen oder in der Mikrowelle erwärmen.

3 In den Mixtopf 270 ml warmes Wasser, die grob zerbröckelte Hefe, Salz, Zucker, Olivenöl und das Ei geben. Das warme Mehl hinzufügen und die Zutaten 2 Min. 30 Sek./37 °C/Knetstufe zu einem glatten Teig verarbeiten.

4 Die getrockneten Tomaten grob schneiden, mit den Oliven und dem grob zerbröckelten Schafskäse in den Mixtopf geben und 30 Sek./37 °C/Knetstufe kneten. Den Teig in eine Schüssel umfüllen und zugedeckt an einem warmen Ort etwa 5 Minuten gehen lassen.

5 Den Teig aus dem Mixtopf auf die bemehlte Arbeitsfläche geben, leicht mit Mehl bestäuben und dritteln. Jedes Drittel zu einem länglichen Baguette formen und auf einem mit Backpapier belegten Backblech weitere 10 Minuten gehen lassen.

6 Die Baguettes im Ofen auf der mittleren Schiene 15 Minuten backen. Herausnehmen und auf dem Ofengitter auskühlen lassen.

7 Für die Tomatenbutter die Tomaten auf einem Sieb kurz abtropfen lassen. Mit dem Tomatenmark, 1 Prise Zucker und dem Basilikum im Mixtopf 5 Sek./Stufe 10 zerkleinern und mit dem Spatel nach unten schieben.

8 Die restlichen Zutaten mit in den Mixtopf geben und 8 Sek./Stufe 4 vermischen.

ZUTATEN

FÜR 3 BROTE

FÜR DAS BAGUETTE:
500 g Mehl und
Mehl zum Bearbeiten
1 Würfel Hefe (42 g)
2 TL Salz
1 TL Zucker
3 TL Olivenöl
1 Ei
50 g getrocknete Tomaten (in Öl)
50 g schwarze Oliven (ohne Stein)
80 g Schafskäse

FÜR DIE TOMATENBUTTER:
6–8 getrocknete Tomaten (in Öl)
2 TL Tomatenmark
Zucker
8–10 Basilikumblätter
250 g weiche Butter
1 Msp. Cayennepfeffer
1 TL grobes Meersalz

10 Min. + 15 Min. Wartezeit + 15. Min. Backzeit

KARTOFFEL-OMELETT MIT PAPRIKA

1 Die Zwiebeln schälen und vierteln, den Knoblauch schälen. Die Paprikaschoten längs halbieren, entkernen, waschen und in grobe Stücke schneiden. Die Frühlingszwiebeln putzen, waschen und in grobe Stücke schneiden. Das Gemüse im Mixtopf 4 Sek./Stufe 5 zerkleinern und mit dem Spatel nach unten schieben.

2 20 g Öl hinzufügen und 3 Min./Varoma/Stufe 1 dünsten. Das Gemüse aus dem Mixtopf nehmen und beiseitestellen.

3 Die Kartoffeln schälen, waschen und in Scheiben schneiden. Den Gareinsatz einhängen, 120 g Wasser, das restliche Öl und die Kartoffelscheiben hineingeben und mit Salz und Pfeffer würzen. 13 Min./Varoma/Stufe 1 kochen. Die Kartoffeln mit dem Gareinsatz herausheben und die Flüssigkeit absieben.

4 Den Backofen auf 160 °C vorheizen. Die Eier aufschlagen und im Mixtopf 10 Sek./Stufe 4 verrühren. Die Gemüsemischung, die Kartoffelscheiben und den Käse mit in den Mixtopf geben und 10 bis 12 Sek./Linkslauf/Stufe 5 verrühren.

5 Das Butterschmalz in einer ofenfesten Pfanne erhitzen, die Omelettmasse hineingießen und glatt streichen. Im Ofen auf der mittleren Schiene etwa 15 Minuten backen. Die saure Sahne mit dem Paprikapulver verrühren und mit Salz, Pfeffer und etwas Zitronensaft abschmecken.

6 Das Kartoffel-Omelett aus der Pfanne auf eine Platte oder einen Teller stürzen, in Kuchenstücke schneiden und mit dem Sauerrahm-Dip servieren.

ZUTATEN

FÜR 4 PERSONEN
2 Zwiebeln
1 Knoblauchzehe
je 1 gelbe und rote Paprikaschote
2 Frühlingszwiebeln
120 g Öl
350 g festkochende Kartoffeln
Salz · Pfeffer aus der Mühle
5 Eier
100 g geriebener Käse (z.B. Gouda)
1 EL Butterschmalz
200 g saure Sahne
1 TL Paprikapulver (edelsüß)
Zitronensaft

15 Min.
+ 15 Min. Backzeit

+ HOT AND SPICY
MIT ½ GEHACKTEN CHILISCHOTE KOMMT SCHÄRFE INS OMELETT – DAS MACHT MÜDE GEISTER MUNTER!
VEGGIE

LACHS-MUFFINS

1. Den Backofen auf 200 °C vorheizen. Die Vertiefungen einer Muffinform mit Papierförmchen auslegen.
2. Die Kräuter waschen, trocken schütteln und die Blättchen bzw. Spitzen abzupfen. Die Zwiebel schälen und vierteln. Kräuter und Zwiebel im Mixtopf 4 Sek./Stufe 7 zerkleinern.
3. Den Käse grob würfeln, mit dem Lachs in den Mixtopf geben und 10 Sek./Stufe 5 zerkleinern.
4. Eier, Öl, Buttermilch und Sahnemeerrettich hinzufügen, mit Salz und Pfeffer würzen und 10 Sek./Stufe 5 verrühren.
5. Mehl und Backpulver dazugeben und weitere 30 Sek./Stufe 5 zu einem Teig verrühren.
6. Den Teig mithilfe von zwei Teelöffeln zwei Drittel hoch in die Muffinförmchen füllen und im Ofen auf der mittleren Schiene etwa 25 Minuten backen.

Tipp:

Die Lachs-Muffins schmecken besonders lecker, wenn sie mit einem Klecks Sahnemeerrettich garniert werden – sieht noch dazu hübsch aus!

ZUTATEN

FÜR 12 STÜCK
1 Handvoll Petersilie und Dill
1 rote Zwiebel
50 g Bergkäse
150 g Räucherlachs
2 Eier
50 g Öl
200 g Buttermilch
50 g Sahnemeerrettich
1 TL Meersalz
bunter Pfeffer aus der Mühle
200 g Mehl
1 Pck. Backpulver

5 Min.
+ 25 Min. Backzeit

STRACCIATELLA-KUCHEN

1 Den Backofen auf 180 °C vorheizen. Ein Backblech mit Backpapier auslegen.

2 Die Schokolade in Stücke brechen und im Mixtopf 6 Sek./Stufe 7 zerkleinern. Die geraspelte Schokolade aus dem Mixtopf nehmen und bis zur weiteren Verwendung beiseitestellen.

3 Butter, Zucker, Vanillezucker und Eier im Mixtopf 1 Min./Stufe 5 verrühren.

4 Mehl und Backpulver hinzufügen und mithilfe des Spatels 20 Sek./Stufe 4 verrühren.

5 Schokolade, Vanillesauce und Milch mit in den Mixtopf geben und 25 bis 30 Sek./Stufe 4 verrühren.

6 Den Teig auf das vorbereitete Backblech füllen und mithilfe des Spatels glatt streichen. Den Kuchen im Ofen auf der mittleren Schiene etwa 25 Minuten backen (Stäbchenprobe machen!).

7 Den Stracciatella-Kuchen herausnehmen und abkühlen lassen. Mit Puderzucker bestäubt servieren.

ZUTATEN

FÜR 4 PERSONEN
200 g Zartbitterschokolade
300 g Butter
300 g Zucker
1 Pck. Vanillezucker
4 Eier
300 g Mehl
1 Pck. Backpulver
200 g Vanillesauce (Fertigprodukt oder selbst gemacht; siehe Tipp)
80 g Milch
Puderzucker zum Bestäuben

5 Min.
+ 25 Min. Backzeit

TIPP:
Für eine Vanillesauce den Rühraufsatz einsetzen, 220 g Milch, 3 Eigelbe, 1 Prise Salz, 50 g Zucker und Mark von ½ Vanilleschote 5 Min./80 °C/ Stufe 2 kochen.

GANZ EASY

POWERKEKSE

1 Den Backofen auf 180 °C vorheizen. Ein Backblech mit Backpapier belegen. Eine Schüssel auf den Mixtopfdeckel stellen. Mehl und Backpulver einwiegen, mischen und beiseitestellen.

2 Den Zucker im Mixtopf 8 Sek./Stufe 10 zu Puderzucker mahlen und mit dem Spatel nach unten schieben. Die Trockenfrüchte und -beeren mit den Walnüssen dazugeben und 6 Sek./Stufe 6 zerkleinern.

3 Alle restlichen Zutaten mit in den Mixtopf geben und 25 Sek./Stufe 6 vermischen.

4 Den Teig mithilfe des Spatels aus dem Mixtopf auf die bemehlte Arbeitsfläche geben. Aus dem Teig mit leicht angefeuchteten Händen Kugeln mit etwa 2 cm Durchmesser formen, mit ausreichend Abstand auf das Blech legen und flach drücken.

5 Die Kekse im Ofen auf der mittleren Schiene 10 bis 15 Minuten backen. Die Powerkekse herausnehmen und auf dem Ofengitter auskühlen lassen.

Tipp:

Die Kekse halten gut verschlossen etwa 3 Wochen.
Wer Kokosblütenzucker daheim hat, kann den braunen Zucker auch durch diesen Zucker mit dem herrlichen Karamellgeschmack ersetzen.

ZUTATEN

FÜR 20–25 STÜCK

90 g Weizenmehl (Type 550) und Mehl zum Bearbeiten
5 g Backpulver
90 g brauner Zucker
40 g Trockenfrüchte und -beeren (z.B. Pflaumen, Aprikosen, Cranberrys)
40 g Walnusskerne
½ Pck. Vanillezucker
80 g Butter
Salz
abgeriebene Schale von ½ Bio-Zitrone
10 g Milch

ca. 10 Min.
+ ca. 15 Min. Backzeit

SCHOKO-PORRIDGE

1 Milch mit 400 g warmem Wasser, Haferflocken, Kakao, Zimtpulver, braunem Zucker und 1 Prise Salz im Mixtopf 10 Min./90 °C/Linkslauf/Stufe 2 garen.

2 Die Bananen schälen und in Scheiben schneiden. Das Schokoporridge auf vier Schüsseln verteilen und mit je 1 EL Joghurt und den Bananenscheiben garniert servieren.

Tipp:

Das Porrigde kann natürlich auch mit z. B. Vier-Korn-Flocken zubereitet werden. Alternativ schmecken statt Bananenscheiben auch Orangenfilets.

ZUTATEN

FÜR 4 PERSONEN
400 g Milch
200 g Haferflocken
1 EL Kakaopulver
1 Msp. Zimtpulver
2 EL brauner Zucker
Salz
2 Bananen
4 EL griechischer Joghurt (10 % Fettgehalt)

ca. 15 Min.

ALL IN ONE

FRÜCHTE-PORRIDGE

1 Das Trockenobst im Varoma-Behälter mit warmem Wasser waschen und abtropfen lassen.

2 600 g Wasser, Milch, Haferflocken, Zucker, Vanillezucker und 1 Prise Salz in den Mixtopf geben, den Varoma-Behälter mit dem Obst aufsetzen und 10 Min./90 °C/Linkslauf/Stufe 2 garen.

3 Das Porridge auf vier Schüsseln verteilen, das Trockenobst darauf verteilen und nach Belieben mit Ahornsirup servieren.

ZUTATEN

FÜR 4 PERSONEN
200 g gemischtes Trockenobst (z. B. Aprikosen, Datteln, Cranberrys)
200 g Milch
200 g Haferflocken
1 EL brauner Zucker
1 Pck. Vanillezucker
Salz
4 EL Ahornsirup

ca. 15 Min.

ALL IN ONE

SWEET-BERRY-POLENTA

1 Die Beeren verlesen und waschen, Erdbeeren bei Bedarf halbieren oder vierteln. Die Beeren mit dem Gelierzucker in den Mixtopf geben und erst 8 Min./Linkslauf/Stufe 1 kochen, dann 3 Sek./Stufe 4 pürieren. Die Beerenkonfitüre in eine Schüssel umfüllen, den Mixtopf spülen.

2 Milch, Zucker, Vanillezucker, Orangen- und Zitronenschale, 1 Prise Salz und Polenta in den Mixtopf geben. 5 Sek./Stufe 4 mischen und 10 Min./100 °C/Stufe 2 kochen. Am Ende der Garzeit die Polenta 5 Minuten im Mixtopf quellen lassen.

3 In vier Portionsschälchen oder -gläser füllen und zusammen mit der Beerenkonfitüre servieren.

Tipps:

Wer außerhalb der Beerensaison auf tiefgekühlte Exemplare zurückgreifen muss, sollte diese vor dem ersten Schritt etwas antauen lassen.

Wer mag, kann auch gleich einen kleinen Konfitürevorrat anlegen: Dafür 1 kg Beeren mit 350 g Gelierzucker etwas länger als oben angegeben einkochen – in saubere Twist-off-Gläser füllen und später genießen!

ZUTATEN

FÜR 4 PERSONEN
200 g gemischte Beeren (z.B. Erdbeeren, Himbeeren, Heidelbeeren, Brombeeren, Rote Johannisbeeren)
70 g Gelierzucker (3:1)
500 g Milch
50 g Zucker
1 Pck. Vanillezucker
je ½ TL abgeriebene Bio-Orangen- und Bio-Zitronenschale
Salz
70 g Polenta

ca. 20 Min.

lecker!

ENERGIE-SMOOTHIE

DER STARKE GRÜNE HELD – ZUM TRINKEN

KICK-OFF-SMOOTHIE

BITTE ANSCHNALLEN UND FRUCHTIG GEHT'S AB!

MANGO-TANGO-SMOOTHIE

TANZE TANGO MIT MIR, TANGO, TANGO DIE GANZE NACHT!

FRESH-APPLE-SMOOTHIE

AN APPLE A DAY KEEPS THE DOCTOR AWAY

ENERGIE-SMOOTHIE

1. Die Haferflocken im Mixtopf 10 Sek./Stufe 10 fein mahlen. Die Bananen schälen. Die Äpfel waschen, nach Belieben schälen und vierteln, dabei die Kerngehäuse entfernen.

2. Den Spinat waschen, trocken schütteln und zusammen mit den vorbereiteten und restlichen Zutaten in den Mixtopf geben. Den Energie-Smoothie 30 Sek./Stufe 10 mixen.

ZUTATEN

FÜR 4 PERSONEN

120 g Haferflocken
2 Bananen
2 Äpfel
2 große Handvoll junger Blattspinat (oder Feldsalat)
600 g Milch
4 EL Mandelmus
2 große Handvoll Eiswürfel

ca. 5 Min.

MANGO-TANGO-SMOOTHIE

1. Die Mangos schälen und das Fruchtfleisch auf den flachen Seiten vom Stein schneiden. Die Bananen schälen. Die Ananas schälen und das Fruchtfleisch in grobe Stücke schneiden.

2. Das Obst zusammen mit dem Orangensaft und den Eiswürfeln im Mixtopf 30 Sek./Stufe 10 mixen.

ZUTATEN

FÜR 4 PERSONEN

2 reife Mangos
2 Bananen
½ Ananas
500 g Orangensaft
2 große Handvoll Eiswürfel

ca. 5 Min.

alles
ALL IN ONE

FRESH-APPLE-SMOOTHIE

1 Die Äpfel waschen, nach Belieben schälen und vierteln, dabei die Kerngehäuse entfernen.

2 Alle Zutaten in den Mixtopf geben und den Fresh-Apple-Smoothie 30 Sek./Stufe 10 mixen.

ZUTATEN

FÜR 4 PERSONEN

- 2 grüne Äpfel
- 400 g Buttermilch
- 400 g Apfelsaft
- 20 g Honig
- 20 g Limettensaft
- 1 Msp. Zimtpulver
- einige Zitronenmelisseblätter

ca. 5 Min.

KICK-OFF-SMOOTHIE

1 Die Birnen waschen, nach Belieben schälen und vierteln, dabei die Kerngehäuse entfernen. Haferflocken, Sonnenblumenkerne und Fenchelsamen im Mixtopf 10 Sek./Stufe 10 fein mahlen.

2 Die Birnen und die restlichen Zutaten hinzufügen und den Kick-off-Smoothie 30 Sek./Stufe 10 mixen.

ZUTATEN

FÜR 4 PERSONEN

- 2 reife Birnen
- 120 g Haferflocken
- 40 g Sonnenblumenkerne
- 1 Msp. Fenchelsamen
- 500 g Orangensaft
- ca. 300 g Brombeeren
- 800 g Mandelmilch
- 2 große Handvoll Eiswürfel

ca. 5 Min.

BANANA-PANCAKES MIT ZIMTJOGHURT

1 Für den Zimtjoghurt die Schokolade grob brechen und im Mixtopf 6 bis 8 Sek./Stufe 7 zerkleinern. Joghurt, braunen Zucker und Zimtpulver mit in den Mixtopf geben und 30 Sek./Linkslauf/Stufe 2,5 verrühren. Den Zimtjoghurt mithilfe des Spatels aus dem Mixtopf nehmen und bis zum Servieren kühl stellen. Den Mixtopf spülen und abtrocknen.

2 Für die Pancakes den Dinkel in den Mixtopf geben und 30 Sek./Stufe 10 mahlen (Vorsicht, laut!). Das Dinkelmehl in eine Schüssel umfüllen, zum Wiegen auf den Mixtopfdeckel stellen und Kakao, Backpulver und Natron untermischen.

3 Den Zucker im Mixtopf 8 Sek./Stufe 10 zu Puderzucker mahlen und mit dem Spatel nach unten schieben. Eier, Butter, Banane, Vanillemilch und 1 Prise Salz mit in den Mixtopf geben und 25 Sek./Stufe 6 schaumig rühren. Die Mehlmischung dazugeben und 20 Sek./Stufe 3 zu einem flüssigen Teig verrühren.

4 Den Backofen auf 75 °C vorheizen. Etwas Öl in einer Pfanne erhitzen. 2 EL Teig hineingeben, nicht zu dünn rund verstreichen und bei schwacher Hitze auf der Unterseite goldbraun backen. Den Pancake wenden und auf der anderen Seite ebenfalls goldbraun backen. Die weiteren Pancakes ebenso backen und auf einem Teller im Ofen warm halten. Die Bananen-Pancakes mit dem Zimtjoghurt servieren.

Tipp:

Die „Pfannenkuchen“ kann man auch in einer Plastikdose gut verpackt ins Büro oder auf einen Ausflug mitnehmen - besonders beliebt bei Mini-Ausflüglern.

ZUTATEN

FÜR 4 PERSONEN

FÜR DEN ZIMTJOGHURT:
200 g Zartbitter- oder Vollmilchschokolade
500 g Naturjoghurt
25 g brauner Zucker
1 TL Zimtpulver

FÜR DIE PANCAKES:
300 g Dinkel
10 g Kakaopulver
2 TL Backpulver
½ TL Natron
50 g brauner Zucker
2 Eier
50 g weiche Butter
1 reife Banane (ca. 100 g)
200 g Vanillemilch
Salz
Öl zum Ausbacken

ca. 20 Minuten

+ FARBTUPFER

MIT EINEM KLECKS ANANAS- ODER ORANGENMARMELADE WIRD'S BUNT UND FRUCHTIG.

KAPITEL 2

MAHL ZEIT!

12 Uhr Mittag in Deutschland: Fröhliche „Mahlzeit!"-Rufe schallen durch die Büroflure und hungrige Schulkinder versammeln sich erwartungsvoll um den Esstisch. Was der Körper jetzt braucht, ist eine gesunde Mahlzeit, die den Organismus mit wichtigen Nährstoffen versorgt und ihn dabei nicht belastet – und zwar bitte pronto! Diese Mittagsrezepte stehen fix auf dem Tisch und lassen sich vorbereitet super fürs Büro einpacken.

GANZ FIX

+ SPRITZSCHUTZ

OHNE FLECKEN AN DIE GRANATAPFELKERNE: EINE SCHÜSSEL VOLL WASSER FÜLLEN, DIE KERNE UNTER WASSER HERAUSLÖSEN UND MIT EINEM SIEB ABSCHÖPFEN.

VEGGIE

QUINOASALAT MIT AVOCADO

1 Petersilie und Minze im Mixtopf 3 Sek./Stufe 8 zerkleinern. Mithilfe des Spatels herausnehmen und beiseitestellen.

2 1000 g Wasser, 1½ TL Salz und das Olivenöl in den Mixtopf füllen. Den Gareinsatz einhängen, Quinoa einwiegen und 15 Min./100 °C/Stufe 4 garen.

3 Quinoa mithilfe des Spatels aus dem Mixtopf nehmen und mit den beiseitegestellten Kräutern und der Zitronenschale mischen.

4 Das Gemüse und das Obst putzen, waschen, nach Belieben schälen und in grobe Stücke schneiden. Zusammen mit Honig, Essig und Olivenöl mit 1 Prise Salz und etwas Pfeffer in den Mixtopf geben und mithilfe des Spatels 5 Sek./Stufe 5 zerkleinern. Die Kichererbsen in ein Sieb abgießen, kalt abbrausen und abtropfen lassen.

5 Die Gemüse-Obst-Mischung und die Kichererbsen zur Quinoa geben und gut untermischen.

6 Die Avocados halbieren, den Stein entfernen und das Fruchtfleisch schälen. Die Schnittflächen in einer Grillpfanne ohne Fett 3 bis 5 Minuten braten, bis sie Grillstreifen haben. Die Avocados herausnehmen, jeweils etwas Hüttenkäse in die Vertiefungen füllen und mit Pfeffer würzen.

7 Den Quinoasalat auf Tellern anrichten, jeweils 1 Avocadohälfte daraufsetzen und mit Granatapfelkernen und Walnüssen bestreut servieren.

ZUTATEN

FÜR 4 PERSONEN

1 Handvoll Petersilien- und Minzeblätter
Salz
20 g Olivenöl
250 g Quinoa
abgeriebene Schale von 1 Bio-Zitrone
400 g gemischtes Gemüse und Obst (z.B. vorgegarte Rote Bete, Fenchel, Karotten, Brokkoli, Apfel)
20 g Honig
20 g Sherryessig
20 g Olivenöl
Pfeffer aus der Mühle
1 kleine Dose Kichererbsen (265 g Abtropfgewicht)
2 reife Avocados
150 g Hüttenkäse
3 EL Granatapfelkerne
50 g Walnusskerne

ca. 30 Min.

FRUCHTIGER ROTE-BETE-SALAT

1 Die Minze waschen und trocken tupfen. Die Roten Beten schälen und grob würfeln (dabei am besten Einweghandschuhe tragen). Den Apfel waschen, nach Belieben schälen und vierteln, dabei das Kerngehäuse entfernen.

2 Alle Zutaten, bis auf Rucola und Pfeffer, mit je 1 Prise Salz und Zucker in den Mixtopf geben und 6 Sek./Stufe 4,5 mithilfe des Spatels zerkleinern.

3 Den Rucola verlesen, waschen und trocken schütteln, grobe Stiele entfernen. Den Rote-Bete-Salat auf Tellern anrichten, mit Pfeffer würzen und mit dem Rucola garniert servieren.

Tipp:

Als Variante schmecken statt Rote Bete und Apfel 250 g Kohlrabi, 200 g Birnenfruchtfleisch und 150 g Möhren - dann statt Rucola Feldsalat verwenden, die Walnusskerne durch Cashewkerne ersetzen, und Petersilie und Basilikum anstelle der Minze. Herzhaft wird es, wenn Sie noch 50 g Käse (z.B. Gouda) mit in den Mixtopf geben.

ZUTATEN

FÜR 4 PERSONEN

1 Handvoll Minzeblätter
300 g Rote Beten
350 g Apfel
60 g Walnusskerne
15 g Sonnenblumenöl
10 g Walnussöl
20 g Orangen- oder Zitronensaft
Salz
Zucker
1 Handvoll Rucolasalat
Pfeffer aus der Mühle

ca. 5 Min.

HÄHNCHENSANDWICH MIT BIRNE

1 Die Zwiebel schälen und vierteln. Die Birne waschen, schälen und vierteln, dabei das Kerngehäuse entfernen.

2 Zwiebel und Birne mit den Cashewkernen und der Petersilie im Mixtopf 3 Sek./Stufe 7 zerkleinern und mit dem Spatel nach unten schieben.

3 Den Camembert in grobe Würfel schneiden, mit in den Mixtopf geben und 12 Sek./Stufe 4 zerkleinern.

4 Frischkäse, Zitronensaft, 1 Prise Salz, Cayennepfeffer und Currypulver dazugeben und 14 Sek./Stufe 3 verrühren.

5 Den Feldsalat waschen und trocken schütteln. 4 Scheiben Körnerbrot mit dem Birnen-Frischkäse bestreichen, jeweils 2 Scheiben Hähnchenbrust darauflegen und mit dem Feldsalat garnieren. Mit je 1 Brotscheibe bedecken und das Hähnchensandwich servieren.

Tipp:

Vegetarier nehmen statt Hähnchenbrust je 2 Scheiben kräftigen Cheddarkäse.

ZUTATEN

FÜR 4 PERSONEN
1 rote Zwiebel
1 reife Birne
40 g Cashewkerne (geröstet und gesalzen)
1 Handvoll Petersilienblätter
200 g Camembert
200 g Frischkäse
1 Spritzer Zitronensaft
Salz
1 Msp. Cayennepfeffer
½ TL Currypulver
1 Handvoll Feldsalat
8 Scheiben Körnerbrot
8 Scheiben geräucherte Hähnchenbrust

ca. 7 Min.

ALL IN ONE

+ PERFEKTE BEGLEITER

FÜR FLEISCH UND FISCH VOM GRILL! STATT ROTKOHL SCHMECKT AUCH KOHLRABI.

FRUCHTIG-FRISCHER KRAUTSALAT

1 Den Rotkohl und den Spitzkohl putzen und waschen, den harten Strunk entfernen und grob zerkleinern. Die Möhre und die Gurke putzen, nach Belieben schälen und in grobe Stücke schneiden.

2 Die Paprikaschote längs halbieren, entkernen, waschen und in grobe Stücke schneiden. Den Apfel waschen, nach Belieben schälen und vierteln, dabei das Kerngehäuse entfernen.

3 Alle Zutaten, bis auf das Studentenfutter, im Mixtopf 6 Sek./Stufe 5 mithilfe des Spatels zerkleinern und verrühren.

4 Das Studentenfutter dazugeben und 30 Sek./Linkslauf/Stufe 1 mithilfe des Spatels untermischen. Den Krautsalat auf Teller verteilen und servieren.

ZUTATEN

FÜR 4 PERSONEN
250 g Rotkohl
250 g Spitzkohl
1 Möhre
½ Salatgurke
1 rote Paprikaschote
1 süßsaurer Apfel (z.B. Pink Lady)
1 TL Salz
Pfeffer aus der Mühle
2 TL Honig
1 TL Senf
30 g Apfelessig
30 g Balsamico bianco
20 g Sonnenblumenöl
10 g Walnussöl
2 EL Studentenfutter

ca. 10 Min.

ERBSEN-MINZ-COUSCOUS MIT SPARGEL

1 Couscous und Erbsen in eine große Schüssel einwiegen und die Zitronenschale untermischen.

2 Brühe und Olivenöl im Mixtopf 4 Min./100 °C/Stufe 1 aufkochen. Den Erbsen-Couscous mit der heißen Brühe übergießen und zugedeckt 5 Minuten quellen lassen.

3 Den Spargel schälen und die holzigen Enden abschneiden. 600 g Wasser, Salz und 1 Prise Zucker in den Mixtopf geben und den Varoma-Behälter aufsetzen. Den Spargel hineinlegen, Varoma verschließen und 20 Min./Varoma/Stufe 2 garen. Nach Ende der Garzeit die Spargelstangen mithilfe des Spatels umschichten, sodass die unteren Stangen oben liegen.

4 Den Erbsen-Couscous in den Varoma-Einlegeboden füllen und in den Varoma einsetzen. Varoma verschließen und 10 Min./Varoma/Stufe 2 fertig garen.

5 Die Minze waschen, trocken schütteln, die Blätter abzupfen und grob hacken. Varoma absetzen, den Erbsen-Couscous mit einer Gabel auflockern, den Zitronensaft darüberträufeln und die Minze untermischen. Mit dem Spargel auf Tellern anrichten und mit den Cashewkernen bestreut servieren.

ZUTATEN

FÜR 4 PERSONEN
220 g Instant-Couscous
200 g Erbsen
abgeriebene Schale und Saft von 1 Bio-Zitrone
430 g Gemüsebrühe
10 g Olivenöl
1 kg weißer Spargel
1 TL Salz
Zucker
½ Bund Minze
80 g Cashewkerne (geröstet und gesalzen)

ca. 10 Min.
+ ca. 30 Min. im Varoma

TIPP:
Plastikfreie Zone: In ein feuchtes Küchentuch gewickelt, halten die Spargelstangen ein paar Tage im Kühlschrank frisch.

+ WARUM NICHT MAL GRÜN?

GRÜNER SPARGEL SCHMECKT ETWAS WÜRZIGER, MUSS NICHT GESCHÄLT WERDEN UND PASST PERFEKT INS FARBKONZEPT!

VEGGIE

WÜRZIGER PAPRIKABULGUR

1 Die Gemüsebrühe in den Mixtopf füllen und den Gareinsatz einhängen. Den Bulgur einwiegen und 15 Min./100 °C/Stufe 2 garen.

2 Den Bulgur mithilfe des Spatels in eine Schüssel füllen, Zimt und Zitronenschale untermischen und quellen lassen.

3 Petersilien- und Korianderblätter waschen, trocken schütteln und im Mixtopf 3 Sek./Stufe 8 zerkleinern. Die gehackten Kräuter unter den Bulgur mischen.

4 Die Zwiebel schälen und vierteln. Paprika und Chili jeweils längs halbieren, entkernen, waschen und in grobe Stücke schneiden. Das Gemüse mit dem Olivenöl in den Mixtopf geben und erst 3 bis 5 Sek./Stufe 5 zerkleinern, dann 2 Min./120 °C/Stufe 1 dünsten. Die Gemüsemischung mithilfe des Spatels aus dem Mixtopf nehmen und unter den Bulgur mischen.

5 Den Joghurt mit dem Ziegenfrischkäse glatt rühren, nach Belieben 1 TL Honig unterrühren und mit etwas buntem Pfeffer aus der Mühle würzen. Zusammen mit dem würzigen Paprikabulgur servieren.

ZUTATEN

FÜR 4 PERSONEN
1000 g Gemüsebrühe
160 g Bulgur
1 TL Zimtpulver
abgeriebene Schale von 1 Bio-Zitrone
1 Handvoll Petersilien- und Korianderblätter
1 Zwiebel
je 1 rote und gelbe Paprikaschote
1 kleine Chilischote
1 TL Olivenöl
100 g Naturjoghurt
100 g Ziegenfrischkäse

ca. 25 Min.

GRAUPENCURRY MIT KABELJAU

1 Die Graupen über Nacht in reichlich kaltem Wasser einweichen. Die Zwiebel schälen und vierteln, den Knoblauch schälen. Den Sellerie und den Kürbis waschen und nach Belieben schälen, beides grob würfeln. Das Gemüse mit dem Öl im Mixtopf 2 Sek./Stufe 5 zerkleinern.

2 Die Currypaste dazugeben und 5 Min./120 °C/Linkslauf/Stufe 1 dünsten.

3 Den Kabeljau waschen und trocken tupfen. Den Varoma-Einlegeboden mit etwas Öl einstreichen, den Fisch darauflegen und mit Limettensaft, Salz und Pfeffer würzen. Die Limettenschale über dem Fisch verteilen.

4 Die Graupen in ein Sieb abgießen, abspülen und abtropfen lassen. Den Lauch putzen, waschen und in Ringe schneiden.

5 Graupen, Lauch, Brühe und Kokosmilch in den Mixtopf geben, Varoma aufsetzen und 10 Min./Varoma/Linkslauf/Stufe 1 garen.

6 Die Temperatur reduzieren und das Curry 15 Min./100 °C/Linkslauf/Stufe 1 fertig garen.

7 Das Graupencurry mit den Kabeljaufilets auf Teller verteilen und mit Basilikumblättern bestreut servieren.

ZUTATEN

FÜR 4 PERSONEN
100 g Perlgraupen
1 Zwiebel
1 Knoblauchzehe
ca. 80 g Knollensellerie
½ Hokkaidokürbis
30 g Öl und Öl für den Varoma
1 geh. TL rote Currypaste
ca. 600 g Kabeljaufilet
Saft und abgeriebene Schale von 1 Bio-Limette
Salz · Pfeffer aus der Mühle
1 Stange Lauch
400 g Gemüsebrühe
200 g Kokosmilch
1 Handvoll Basilikumblätter

ca. 10 Min.
+ ca. 35 Min. im Gerät

KNUSPERPUFFER MIT KÜRBISKERNÖL-DIP

1 Für den Dip die Frühlingszwiebeln putzen, waschen und in grobe Stücke schneiden. Im Mixtopf 5 Sek./Stufe 5 zerkleinern und mit dem Spatel nach unten schieben.

2 Schmand, Zitronensaft, Kürbiskernöl, Salz, Cayennepfeffer und 1 Prise Zucker hinzufügen und 10 Sek./Linkslauf/Stufe 4 mischen. Den Dip mithilfe des Spatels aus dem Mixtopf nehmen und bis zum Servieren kühl stellen. Den Mixtopf spülen.

3 Für die Puffer das Kürbisfleisch in grobe Stücke schneiden. Die Kartoffeln schälen und waschen, die Zwiebeln schälen und vierteln. Das Gemüse mit den restlichen Zutaten in den Mixtopf geben und mithilfe des Spatels 12 bis 14 Sek./Stufe 5 zerkleinern.

4 Etwas Öl in einer Pfanne erhitzen, 2 EL vom Kartoffelteig in die Pfanne geben, leicht flach drücken und auf jeder Seite knusprig ausbacken.

5 Die fertigen Puffer auf Küchenpapier abtropfen lassen und noch heiß mit dem Dip servieren.

ZUTATEN

FÜR 4 PERSONEN

FÜR DEN DIP:
2 Frühlingszwiebeln
400 g Schmand
1 TL Zitronensaft
2 TL Kürbiskernöl
½ TL Salz
1 Msp. Cayennepfeffer
Zucker

FÜR DIE PUFFER:
400 g Kürbisfruchtfleisch (z.B. Hokkaido)
600 g festkochende Kartoffeln
2 Zwiebeln
1½ TL Salz
Pfeffer aus der Mühle
40 g Speisestärke
40 g Haferflocken
40 g Weißbrotbrösel
2 Eier
Öl zum Braten

ca. 30 Min.

VEGGIE

CRANBERRY-DIP

SUPERFOOD IN PERFEKTER FORM – FRISCH UND KÖSTLICH

CURRY-DIP BOLLYWOOD

LECKERES AUS DEM LAND DER GEWÜRZE

CAMEMBERT-AUFSTRICH
KNACKIG, WÜRZIG LECKER – PASST PERFEKT FÜR JEDEN AUSFLUG INS GRÜNE!
AUFSTRICH BELLA ITALIA
SCHMECKT WIE EIN KURZURLAUB ZU HAUSE AM MITTAGSTISCH

CRANBERRY-DIP

1 Die Zwiebel schälen und vierteln. Schnittlauch waschen, trocken schütteln und grob schneiden. Zwiebel, Schnittlauch und Cranberrys im Mixtopf 5 Sek./Stufe 6 zerkleinern.

2 Den Frischkäse und die Crème fraîche in den Mixtopf geben, mit Salz, Pfeffer und 1 Prise Zucker würzen und den Cranberry-Dip 10 Sek./Linkslauf/Stufe 4 verrühren.

Tipp:

Passt zu gebratenem oder gegrilltem Fleisch. Oder einfach mit geröstetem Baguette hineindippen.

ZUTATEN

FÜR CA. 450 G
1 rote Zwiebel
1 Bund Schnittlauch
100 g getrocknete Cranberrys
200 g Meerrettichfrischkäse
100 g Crème fraîche
Salz · Pfeffer aus der Mühle
Zucker

ca. 8 Min.

CURRY-DIP BOLLYWOOD

1 Alle Zutaten mit je 1 Prise Salz und Zucker in den Mixtopf geben und 1 Min./Stufe 4 verrühren.

2 Den Curry-Dip in eine Schüssel füllen und nach Belieben mit etwas Currypulver bestäubt servieren.

Tipp:

Passt zu gegrilltem oder gebratenem Fleisch und Fisch. Oder einfach zum Dippen mit Gemüsesticks oder frischem Brot. Der Aufstrich ist gekühlt etwa 1 Woche haltbar.

ZUTATEN

FÜR CA. 600 G
250 g Salatmayonnaise
100 g Naturjoghurt
3 TL Currypulver
½ TL Salz
Zucker
1 Msp. Cayennepfeffer

ca. 2 Min.

AUFSTRICH BELLA ITALIA

1 Die Zwiebel schälen und vierteln, den Knoblauch schälen. Die Petersilie waschen, trocken tupfen und die Blätter abzupfen. Mit Zwiebel und Knoblauch im Mixtopf 3 Sek./Stufe 6 zerkleinern.

2 Oliven, getrocknete Tomaten und Kapern mit in den Mixtopf geben und 4 Sek./Stufe 5 zerkleinern.

3 Ziegen- und Frischkäse hinzufügen, mit Salz und Pfeffer würzen und 10 Sek./Linkslauf/Stufe 4 verrühren.

Tipp:

Beide Aufstriche auf dieser Seite schmecken zu frischem Holzofenbrot oder Ciabatta und sind gekühlt 4 bis 5 Tage haltbar.

ZUTATEN

FÜR CA. 600 G
1 rote Zwiebel
1 Knoblauchzehe
2 Zweige glatte Petersilie
50 g schwarze Oliven (ohne Stein)
50 g getrocknete Tomaten (in Öl)
1 EL Kapern
200 g Ziegenfrischkäse
200 g Frischkäse
½ TL Salz
Pfeffer aus der Mühle

ca. 8 Min.

CAMEMBERT-AUFSTRICH

1 Die Pfefferkörner im Mixtopf 5 Sek./Stufe 8 grob zerkleinern.

2 Die Radieschen mit dem Grün waschen und trocken schütteln. Die Kresse vom Beet abschneiden, waschen und trocken tupfen. Den Camembert in Stücke schneiden und mit dem Radieschengrün und der Kresse mit in den Mixtopf geben. 3 Sek./Stufe 8 zerkleinern.

3 Die Radieschen vierteln und dazugeben. Mit Paprikapulver und 1 Prise Salz würzen. Erst 5 Sek./Stufe 5 zerkleinern, dann den Camembert-Radieschen-Aufstrich 18 Sek./Stufe 4 verrühren.

ZUTATEN

FÜR 6–8 PORTIONEN
1 TL bunte Pfefferkörner
2 Bund Radieschen (mit Grün)
1 Kästchen Gartenkresse
250 g Camembert
1 Msp. Paprikapulver (edelsüß)
Salz

ca. 10 Min.

alles

ALL IN ONE

TEXMEX-PIZZA

1 Für den Teig das Olivenöl, die zerbröckelte Hefe, Salz und Zucker mit 115 g warmem Wasser in den Mixtopf geben. Das Mehl hinzufügen und 2 Min. 30 Sek./Knetstufe zu einem glatten Teig kneten. Den Teig im Mixtopf mit geschlossenem Deckel 15 Minuten gehen lassen.

2 Den Backofen auf 250 °C vorheizen. Ein Backblech mit Backpapier belegen. Für den Belag die Crème fraîche in einer Schüssel mit Salz und Pfeffer abschmecken. Die Tortilla-Chips mit den Händen grob zerkleinern. Die Zwiebel schälen und in feine Ringe schneiden. Den Mais in ein Sieb abgießen, abbrausen und abtropfen lassen. Die Truthahnbrust in Streifen schneiden.

3 Den Teig mithilfe des Spatels auf die bemehlte Arbeitsfläche geben und auf Größe des Backblechs oder als einzelne Pizzafladen ausrollen. Den ausgerollten Teig auf das vorbereitete Backblech legen, die Crème-fraîche-Mischung darauf verteilen und mit dem geriebenen Käse bestreuen.

4 Truthahnbrust, Zwiebelringe, Mais, Tortilla-Chips und Röstzwiebeln darauf verteilen und die Pizza im Ofen auf der mittleren Schiene etwa 12 Minuten backen.

5 Die Texmex-Pizza kurz vor dem Servieren mit den gehackten Kräutern bestreuen.

ZUTATEN

FÜR 4 PERSONEN

FÜR DEN TEIG:
10 g Olivenöl
10 g frische Hefe
10 g Salz
5 g Zucker
210 g Mehl und
Mehl zum Bearbeiten

FÜR DEN BELAG:
150 g Crème fraîche
Salz · Pfeffer aus der Mühle
50 g Tortilla-Chips
1 rote Zwiebel
1 kleine Dose Mais
(285 g Abtropfgewicht)
300 g Truthahnbrust
100 g geriebener Gouda
3 EL Röstzwiebeln
1 Handvoll gehackte Kräuter
(z.B. Petersilie, Koriander, Schnittlauch)

ca. 20 Min.
+ ca. 12 Min. Backzeit

ZUCCHINI-FENCHEL-RISOTTO

1 Die Zwiebel schälen und vierteln, den Knoblauch schälen. Den Fenchel putzen, waschen und halbieren, den harten Strunk entfernen. Die Zucchini putzen, waschen und in grobe Stücke schneiden. Alle Gemüsesorten in den Mixtopf geben und 5 Sek./Stufe 5 zerkleinern. Die Gemüsemischung mit dem Spatel nach unten schieben.

2 Die Butter und das Olivenöl hinzufügen und 4 Min./120 °C/Stufe 1 dünsten.

3 Den Reis dazugeben und 4 Min./120 °C/Linkslauf/Stufe 1 mitgaren, dabei den Messbecher vom Deckel abnehmen.

4 Die Brühe dazugeben und den Reis mit dem Spatel vom Boden des Mixtopfes lösen. Den Mixtopf wieder mit dem Deckel verschließen und den Risotto ohne Messbecher 14 Min./100 °C/Linkslauf/Stufe 1 garen.

5 Den Zitronensaft und den Parmesan hinzufügen und den Risotto 2 Min./100 °C/Linkslauf/Stufe 1 fertig garen.

6 Den Zucchini-Fenchel-Risotto im Mixtopf kurz ausquellen lassen, mit Salz und Pfeffer würzen und nach Belieben mit etwas gehobeltem Parmesan bestreut servieren.

ZUTATEN

FÜR 4 PERSONEN
1 Zwiebel
1 Knoblauchzehe
1 Fenchelknolle
2 Zucchini
40 g Butter
8 g Olivenöl
400 g Risottoreis (z.B. Arborio)
700 ml Gemüsebrühe
30 g Zitronensaft
50 g geriebener Parmesan
Salz · Pfeffer aus der Mühle

ca. 30 Min.

TIPP:
Noch cremiger wird der Risotto, wenn Sie zuletzt noch ein Stück Butter hinzufügen. Zitrone auch mal durch Limette ersetzen!

ALL IN ONE

TOMATEN-PAPRIKA-REIS

1 Die Zwiebel schälen und vierteln, den Knoblauch schälen. Paprika- und Chilischote jeweils längs halbieren, entkernen, waschen und in grobe Stücke schneiden. Das Gemüse im Mixtopf 3 bis 5 Sek./Stufe 5 zerkleinern.

2 Das Olivenöl hinzufügen und 5 Min./Varoma/Stufe 1 dünsten. Die Tomaten waschen und vierteln, dabei die Stielansätze entfernen. Mit dem Reis, den Erbsen und den Gewürzen in den Mixtopf geben und 25 Min./90 °C/Linkslauf/Stufe 1 garen.

3 Den Tomaten-Paprika-Reis auf Teller verteilen, jeweils 1 TL Crème fraîche daraufgeben und mit Kräutern bestreut servieren.

ZUTATEN

FÜR 4 PERSONEN

1 Zwiebel
1 Knoblauchzehe
1 rote Paprikaschote
1 rote Chilischote
20 g Olivenöl
500 g Tomaten
120 g Langkornreis
100 g Erbsen
1 TL Gemüsebrühepulver
1 TL Salz
Pfeffer aus der Mühle
1 Msp. Cayennepfeffer
1 Prise Zucker
4 TL Crème fraîche
gehackte Petersilie und Schnittlauch zum Garnieren

ca. 10 Min.
+ ca. 25 Min. im Gerät

ALL IN ONE

RAHMFLECKEN

1 Für den Teig das Olivenöl, die zerbröckelte Hefe, Salz und Zucker mit 125 g warmem Wasser in den Mixtopf geben. Das Mehl hinzufügen und 2 Min. 30 Sek./Knetstufe zu einem glatten Teig verkneten.

2 Den Teig mithilfe des Spatels auf die bemehlte Arbeitsfläche geben, 12 gleich große Kugeln rollen und diese zu runden Mini-Fladen formen. Ein Backblech mit Backpapier auslegen, die Fladen darauflegen und mit einem sauberen Geschirrtuch bedeckt 10 Minuten gehen lassen.

3 Den Backofen auf 250 °C vorheizen. Für den Belag die Frühlingszwiebeln putzen, waschen und in grobe Stücke schneiden. Mit der Salami im Mixtopf 4 Sek./Stufe 5 zerkleinern. Den Schmand hinzufügen, mit Salz, Pfeffer würzen und 10 Sek./Stufe 5 verrühren.

4 Die Teigfladen jeweils mit einer Gabel in der Mitte einige Male einstechen, die Lauch-Salami-Creme darauf verteilen und mit dem geriebenen Käse bestreuen. Im Ofen auf der mittleren Schiene 8 bis 10 Minuten backen.

5 Die Rahmflecken aus dem Ofen nehmen. Den Mozzarella in 12 Scheiben schneiden, jeden Fladen mit 1 Scheibe Mozzarella und 1 Basilikumblatt belegen und servieren.

ZUTATEN

FÜR 12 STÜCK

FÜR DEN TEIG:
20 g Olivenöl
15 g frische Hefe
10 g Salz
5 g Zucker
250 g Mehl und
Mehl zum Bearbeiten

FÜR DEN BELAG:
2 Frühlingszwiebeln
10 Scheiben Salami
150 g Schmand
Salz · Pfeffer aus der Mühle
100 g geriebener Gouda
200 g Mozzarella
12 Basilikumblätter

ca. 10 Min.
+ ca. 10 Min. Backzeit

KINDER-LIEBLING

+ LUST AUF SCHARF?

DANN 1 EL FERTIGE TANDOORI-WÜRZPASTE IN DAS KETCHUP RÜHREN.

CURRYWURST – CLASSIC

1 Für die Sauce Curry- und Paprikapulver, Zucker, Sambal Oelek und Tomatenketchup mit 120 g Wasser im Mixtopf 10 Min./100 °C/Stufe 1 kochen.

2 Inzwischen etwas Öl in einer Pfanne erhitzen und die Rostbratwürste darin rundum braten.

3 Die Bratwürste entweder im Ganzen oder in Stücke geschnitten auf Tellern anrichten, mit der Sauce übergießen und mit etwas Currypulver bestäuben. Dazu passen Brötchen oder Pommes frites.

ZUTATEN

FÜR 4 PERSONEN
2 TL Currypulver
½ TL Paprikapulver (rosenscharf)
1 TL brauner Zucker
1 TL Sambal Oelek
250 g Tomatenketchup (siehe unten)
etwas Öl zum Braten
4 Rostbratwürste
etwas Currypulver zum Bestäuben

ca. 10 Min.

TOMATENKETCHUP

1 Alle Zutaten mit 100 g Wasser im Mixtopf 10 Sek./Stufe 5 verrühren.

Tipp:

Ketchup in ein sauberes Twist-off-Glas füllen. Es hält sich im Kühlschrank etwa 2 Wochen.

ALL IN ONE

ZUTATEN

ERGIBT CA. 350 G
40 g Balsamico bianco
200 g Tomatenmark
70 g Zucker
1 TL Salz
1 Msp. Zimtpulver
5 g Currypulver
1 Msp. Paprikapulver (edelsüß)
1 Msp. Paprikapulver (rosenscharf)
Pfeffer aus der Mühle

ca. 3 Min.

FARFALLE MIT ZIEGENFRISCHKÄSESAUCE

1 Die Nudeln in reichlich kochendem Salzwasser nach Packungsanweisung bissfest garen.

2 Inzwischen die Zwiebel schälen und vierteln, den Knoblauch schälen. Die Frühlingszwiebeln putzen, waschen und in grobe Stücke schneiden. Das Gemüse im Mixtopf 6 Sek./Stufe 5 zerkleinern und mit dem Spatel nach unten schieben.

3 Die Butter dazugeben und 3 Min./Varoma/Stufe 1 dünsten. Sahne, Ziegenfrischkäse, 1½ TL Salz, Pfeffer und 1 Prise Zucker mit in den Mixtopf geben und 5 Min./90 °C/Stufe 2 verrühren. Die Cocktailtomaten waschen, halbieren und hinzufügen. Die Sauce 1 Min. 30 Sek./90 °C/Linkslauf/Stufe 1 erwärmen.

4 Den Spinat verlesen, waschen und trocken schleudern, grobe Stiele entfernen. Die Farfalle mit der Ziegenfrischkäsesauce anrichten und die Spinatblätter darüber verteilen. Mit geriebenem Pecorino bestreut servieren.

ZUTATEN

FÜR 4 PERSONEN
400–500 g Farfalle
Salz
1 Zwiebel
1 Knoblauchzehe
1 Bund Frühlingszwiebeln
30 g Butter
200 g Sahne
250 g Ziegenfrischkäse
Pfeffer aus der Mühle
Zucker
12 Cocktailtomaten
1 Handvoll junge Spinatblätter
100 g geriebener Pecorino (ital. Hartkäse)

ca. 15 Min.

GNOCCHI MIT HACKFLEISCHBÄLLCHEN

1 Hackfleisch, Leberwurst, Ei, Senf, Paniermehl, Majoran, Salz und Pfeffer im Mixtopf 2 Min./Linkslauf/Stufe 3 verrühren. Die Hackfleischmasse mithilfe des Spatels herausnehmen und kühl stellen.

2 Den Varoma-Einlegeboden mit etwas Öl einstreichen und die Gnocchi darin verteilen.

3 Die Zwiebeln schälen und vierteln, den Knoblauch schälen. Beides im Mixtopf 5 Sek./Stufe 5 zerkleinern und mit dem Spatel nach unten schieben.

4 Das Olivenöl dazugeben und 3 Min./Varoma/Stufe 1 dünsten. Die Paprikaschoten längs halbieren, entkernen, waschen und in grobe Stücke schneiden. Mit der Brühe in den Mixtopf geben, Varoma mit dem Einlegeboden aufsetzen und 20 Min./Varoma/Stufe 2 garen.

5 Die Hackfleischmasse mit angefeuchteten Händen zu kleinen Bällchen formen. Etwas Öl in einer Pfanne erhitzen und darin die Bällchen rundum braten. Die fertigen Hackfleischbällchen warm stellen.

6 Sahne, Mehl und Paprikapulver mit in den Mixtopf geben und erst 3 Min./100 °C/Stufe 3 kochen, dann 8 bis 10 Sek./Stufe 8 pürieren.

7 Das Basilikum waschen und trocken tupfen. Die Gnocchi mit den Hackbällchen und der Paprikasauce anrichten und mit Parmesan und Basilikumblättern bestreut servieren.

ZUTATEN

FÜR 4 PERSONEN
500 g gemischtes Hackfleisch
100 g feine Kalbsleberwurst
1 Ei · 1 TL Dijon-Senf
3 TL Paniermehl
½ TL getrockneter Majoran
1 TL Salz
Pfeffer aus der Mühle
Öl für den Varoma und zum Braten
400 g Gnocchi (Fertigprodukt; aus dem Kühlregal)
2 rote Zwiebeln
1 Knoblauchzehe
20 g Olivenöl
3 rote Spitzpaprikaschoten
250 g Gemüsebrühe
200 g Sahne
1½ TL Mehl
1 Msp. Paprikapulver (rosenscharf)
1 Handvoll frische Basilikumblätter
100 g frisch geriebener Parmesan

ca. 30 Min.

FISCH AM SPIESS MIT ESTRAGON-SENF-SAUCE

1 Für die Spieße die Zucchini putzen und waschen. Die Paprikaschoten längs halbieren, entkernen und waschen. Die Zwiebel schälen. Das Gemüse in mundgerechte Stücke schneiden.

2 Den Fisch waschen, trocken tupfen und in mundgerechte Stücke schneiden. Abwechselnd mit den Gemüsestücken auf acht lange Holzspieße stecken und rundum mit Salz, Pfeffer und Paprikapulver würzen. Den Varoma-Einlegeboden mit etwas Öl einfetten und die Fisch-Gemüse-Spieße darauflegen.

3 Für den Reis Salz und Butter in den Mixtopf geben. Den Gareinsatz einhängen und den Reis darin einwiegen. 500 g Wasser und die Brühe dazugeben und mit dem Spatel kurz umrühren, damit der Reis rundum feucht ist. Mixtopf mit dem Deckel verschließen, Varoma aufsetzen und 25 Min./Varoma/Stufe 1 garen.

4 Varoma zur Seite stellen, den Gareinsatz mithilfe des Spatels herausnehmen und mit den Fisch-Gemüse-Spießen warm stellen.

5 Für die Sauce von der Garflüssigkeit 400 g im Mixtopf behalten. Schmand, Senf und Estragon dazugeben und 4 Min./100 °C/ Stufe 3 kochen.

6 Die Estragon-Senf-Sauce mit etwas Zitronensaft, Salz und Pfeffer abschmecken und mit den Fisch-Gemüse-Spießen und dem Reis servieren.

ZUTATEN

FÜR 4 PERSONEN

FÜR DIE SPIESSE:
1 Zucchini
je 1 rote und gelbe Paprikaschote
1 Zwiebel
300 g Fischfilet (z.B. Zander, Wels, Viktoriabarsch)
Salz
bunter Pfeffer aus der Mühle
Paprikapulver (edelsüß)
Öl für den Varoma

FÜR DEN REIS:
1 gestr. TL Salz
20 g Butter
240 g Langkornreis
500 g Gemüsebrühe

FÜR DIE SAUCE:
200 g Schmand
1 EL scharfer Senf
1 TL gehackter Estragon
Zitronensaft
Salz · Pfeffer aus der Mühle

ca. 40 Min.

ALL IN ONE

KAPITEL 3

LECKER FEIER ABEND

Endlich ab in den wohlverdienten Feierabend! Worauf haben Sie denn heute Abend Appetit: Gemüse oder Fleisch, warm oder kalt, deftig oder süß? Und überraschend hat sich noch lieber Besuch angekündigt? Alles kein Problem mit der Küchenrakete: Egal, ob zu zweit, mit Familie oder mit Gästen, bei diesen leckeren Feierabendrezepten ist für jeden was dabei! Und schnell fertig ist das Essen obendrein.

GANZ FIX

+ HINGUCKER

BESONDERS WIRD'S, WENN SIE LILA ODER ROTE KARTOFFELN VERWENDEN, Z.B. DIE SORTE ROTE EMMALIE.

KARTOFFELGRATIN MIT PASTINAKE UND MÖHRE

1 Die Kartoffeln schälen und waschen, die Möhren und die Pastinaken putzen und schälen. Beides in dünne Scheiben schneiden. 600 g Wasser mit dem Salz in den Mixtopf füllen. Das Gemüse in den Varoma geben (bei Bedarf auch den Einlegeboden nutzen), Varoma aufsetzen und 13 Min./Varoma/Stufe 1 garen.

2 Den Backofen auf 200 °C vorheizen. Das Pastrami in dünne Streifen schneiden. Das Gemüse in eine gefettete Auflaufform füllen und das Pastrami untermischen.

3 Den Mixtopf leeren, dabei 50 g von der Garflüssigkeit auffangen. Die Zwiebel schälen und vierteln, den Knoblauch schälen. Beides in den Mixtopf geben, 4 Sek./Stufe 5 zerkleinern und mit dem Spatel nach unten schieben. Das Öl hinzufügen und 2 Min./120 °C/Stufe 1 dünsten.

4 Die restlichen Zutaten - bis auf den geriebenen Käse - mit in den Mixtopf geben und 3 Min./100 °C/Stufe 4 kochen. Die Sauce gleichmäßig über die Gemüsemischung gießen und zuerst mit Gouda, dann mit Cheddar bestreuen. Das Kartoffel-Möhren-Gratin im Ofen auf der mittleren Schiene 25 Minuten goldbraun überbacken.

ZUTATEN

FÜR 4 PERSONEN
450 g festkochende Kartoffeln
200 g Möhren
200 g Pastinaken
1 TL Salz
100 g Pastrami
(oder Bündner Fleisch)
Öl für die Auflaufform
1 Zwiebel
1 Knoblauchzehe
15 g Öl
1 TL Thymianblättchen
400 g Sahne
2 TL Gemüsebrühepulver
Pfeffer aus der Mühle
frisch geriebene Muskatnuss
3 EL gehackte Petersilie
50 g Frischkäse
100 g geriebener Gouda
60 g geriebener Cheddarkäse

20 Min.
+ 25 Min. Backzeit

ZANDER MIT ZUCCHINI-KARTOFFEL-RAGOUT

1 Die Kartoffeln schälen, waschen und in kleine Würfel schneiden. Die Kartoffelwürfel in den Varoma-Behälter legen und beiseitestellen. Den Fisch waschen, trocken tupfen und in mundgerechte Stücke schneiden. Den Varoma-Einlegeboden mit etwas Öl einstreichen, den Fisch mit Salz und Cayennepfeffer würzen, auf den Varoma-Einlegeboden legen und beiseitestellen.

2 Die Frühlingswiebeln putzen und waschen, die Zucchini waschen. Beides in grobe Stücke schneiden. Die Chilischote längs halbieren, entkernen, waschen und in Streifen schneiden. Das Gemüse mit dem Olivenöl und dem Currypulver im Mixtopf 2 bis 3 Sek./Stufe 5 zerkleinern.

3 Die Brühe in den Mixtopf geben, Varoma mit den Kartoffeln aufsetzen und 10 Min./Varoma/Linkslauf/Stufe 1 garen.

4 Varoma-Einlegeboden mit dem Fisch in den Varoma einsetzen, Varoma wieder verschließen und weitere 12 Min./Varoma/Linkslauf/Stufe 1 garen.

5 Varoma absetzen und den Fisch warm halten. Die Petersilie waschen und trocken schütteln. Die Blätter abzupfen und grob hacken. Die Kartoffeln mit dem Joghurt und der Petersilie zum Ragout in den Mixtopf geben und 30 Sek./90 °C/Linkslauf/Sanftrühren untermischen.

6 Den Zander mit dem Zucchini-Kartoffel-Ragout auf Teller verteilen und servieren.

ZUTATEN

FÜR 4 PERSONEN
800 g festkochende Kartoffeln
600 g Zanderfilet (alternativ Barsch oder Pangasius)
Öl für den Varoma
Salz
Cayennepfeffer
1 Bund Frühlingszwiebeln
2 Zucchini
1 rote Chilischote
40 g Olivenöl
2 TL Currypulver
100 g Gemüsebrühe
½ Bund glatte Petersilie
2 EL Naturjoghurt

ca. 15 Min.

LACHSFILET MIT GRÜNER SAUCE

1 Die Kräuter waschen und trocken schütteln. Mit den Eiern, Senf, Schmand und Joghurt in den Mixtopf geben, mit Salz, Pfeffer und 1 Prise Zucker würzen und 1 Min./Stufe 5 verrühren. Die grüne Sauce mithilfe des Spatels aus dem Mixtopf nehmen und bis zum Servieren beiseitestellen. Den Mixtopf spülen.

2 500 g heißes Wasser und 1 TL Salz in den Mixtopf geben und den Gareinsatz einhängen. Die Kartoffeln mit der Schale waschen, in den Gareinsatz füllen und 10 Min./Varoma/Stufe 1 garen.

3 Inzwischen den Varoma-Einlegeboden mit Öl einstreichen. Den Lachs waschen, trocken tupfen und mit Salz und Pfeffer würzen. Den Fisch auf den Varoma-Einlegeboden legen und diesen in den Varoma-Behälter einsetzen. Varoma aufsetzen und 15 bis 20 Min./Varoma/Stufe 1 garen.

4 Varoma absetzen und den Gareinsatz mithilfe des Spatels herausnehmen. Den Lachs mit den Kartoffeln und der grünen Sauce auf Tellern anrichten und servieren.

ZUTATEN

FÜR 4 PERSONEN
300 g frische Kräuter für Frankfurter Sauce (Petersilie, Schnittlauch, Kerbel, Sauerampfer, Dill, Kresse, Estragon, Zitronenmelisse)
2 hart gekochte Eier
1 TL Senf
300 g Schmand
200 g Naturjoghurt
Salz • Pfeffer aus der Mühle
Zucker
ca. 750 g kleine Kartoffeln (z.B. Drillinge)
Öl für den Varoma
ca. 800 g Lachsfilet

ca. 10 Min.
+ ca. 25 Min. im Gerät

ALL IN ONE

+ WÜRZIGER KICK

WER ES GERN PIKANTER MAG, GIBT IM ZWEITEN ARBEITSSCHRITT NOCH 1 GESTR. TL GELBE CURRYPASTE DAZU.

KABELJAU MIT SAFRANGEMÜSE

ZUTATEN

FÜR 4 PERSONEN
1 Zwiebel
1 Knoblauchzehe
10 g Ingwer
20 g Öl
1 Bio-Orange
800 g Gemüse (z. B. Möhren, Fenchel, Pastinake, Spitzkohl, Brokkoli)
Salz
Cayennepfeffer
400 g Kokosmilch
2 Msp. Safranpulver
250 g Langkornreis
ca. 640 g Kabeljaufilet
Pfeffer aus der Mühle
Öl für den Varoma

ca. 20 Min. + ca. 25 Min. im Gerät

1. Die Zwiebel schälen und vierteln, Knoblauch und Ingwer schälen. Zwiebel, Knoblauch und Ingwer im Mixtopf 3 Sek./Stufe 5 zerkleinern und mit dem Spatel nach unten schieben.

2. Das Öl hinzufügen und 3 Min./120 °C/Stufe 1 dünsten. Die Orange heiß waschen, trocken reiben und die Schale fein abreiben. Die Orange halbieren und auspressen.

3. Das Gemüse putzen, waschen, ggf. schälen und in grobe Stücke schneiden. Mit ½ TL Salz und 1 Prise Cayennepfeffer mit in den Mixtopf geben und 6 bis 10 Sek./Stufe 4 zerkleinern.

4. Die Kokosmilch, den Orangensaft und den Safran hinzufügen und 15 Min./100 °C/Linkslauf/Stufe 1 garen.

5. Das Safrangemüse aus dem Mixtopf nehmen und warm stellen. Den Mixtopf spülen.

6. 600 g heißes Wasser und 1 TL Salz in den Mixtopf geben, den Gareinsatz einhängen und den Reis einwiegen.

7. Den Fisch waschen, trocken tupfen und mit Salz und Pfeffer würzen. Den Varoma-Einlegeboden mit etwas Öl bestreichen und den Fisch darauflegen. Varoma aufsetzen und 20 bis 25 Min./Varoma/Stufe 1 garen.

8. Varoma absetzen und den Gareinsatz mithilfe des Spatels aus dem Mixtopf heben. Den Kabeljau mit dem Reis und dem warmen Safrangemüse anrichten und servieren.

HÄHNCHENFILET ASIA STYLE

1 Die Hähnchenbrustfilets waschen und trocken tupfen. Das Tomatenmark in einer Auflaufform mit Zucker, ½ TL Salz, etwas Pfeffer, Koriander, Sojasauce und 40 g Olivenöl verrühren. Das Fleisch in die Marinade legen und rundum damit bestreichen.

2 Die Zwiebeln schälen und vierteln, den Knoblauch schälen. Zwiebeln und Knoblauch im Mixtopf 4 Sek./Stufe 5 zerkleinern und mit dem Spatel nach unten schieben. 40 g Olivenöl hinzufügen und 4 Min./Varoma/Stufe 1 dünsten.

3 Die Paprikaschoten längs halbieren, entkernen und waschen. Die Zucchini putzen und waschen. Paprika und Zucchini in grobe Stücke schneiden, in den Mixtopf geben und mit ½ TL Salz und dem Paprikapulver würzen. 3 bis 4 Sek./Stufe 4 zerkleinern. Das Brühpulver mit 100 g Wasser hinzufügen.

4 Die Hähnchenbrustfilets aus der Marinade nehmen und in den Varoma legen (bei Bedarf den Zwischenboden nutzen). Varoma aufsetzen und etwa 20 Min./Varoma/Linkslauf/Stufe 1 garen.

5 Die Cocktailtomaten waschen und halbieren. Das restliche Olivenöl mit etwas grobem Meersalz vermischen, die Cocktailtomaten darin wenden und zum Fleisch in den Varoma legen. 2 Min./Varoma/Linkslauf/Stufe 1 garen.

6 Varoma absetzen und das Gemüse auf Teller verteilen. Die Hähnchenbrustfilets in Stücke schneiden, auf dem Gemüse anrichten und mit den Kräutern bestreut servieren.

Tipp:

Als Beilage schmeckt lockerer Basmatireis (der allerdings im Gerät keinen Platz mehr hat - deswegen bitte extra garen)!

ZUTATEN

FÜR 4 PERSONEN
4 Hähnchenbrustfilets (à ca. 150 g)
1 TL Tomatenmark
½ TL brauner Zucker
1 TL Salz
Pfeffer aus der Mühle
2 TL gehackter Koriander
1 TL Sojasauce
120 g Olivenöl
2 Zwiebeln
2 Knoblauchzehen
2 gelbe Paprikaschoten
1 Zucchini
1 Msp. Paprikapulver (rosenscharf)
½ TL Gemüsebrühepulver
8 Cocktailtomaten
grobes Meersalz
1 Handvoll gehackte Kräuter (z.B. Petersilie, Basilikum)

ca. 10 Min.
+ ca. 20 Min. im Gerät

+ LEICHT & FRISCH

AN LAUEN SOMMERABENDEN SCHMECKT DAS HÄHNCHEN AUCH KALT.

NUDELAUFLAUF MIT HÄHNCHENBRUST

1 Die Nudeln in reichlich Salzwasser nach Packungsanweisung bissfest garen.

2 Zwiebeln schälen und vierteln, den Knoblauch schälen. Beides im Mixtopf 5 Sek./Stufe 5 zerkleinern und mit dem Spatel nach unten schieben.

3 Butter, Tomatenmark und Paprikapulver mit in den Mixtopf geben und 2 Min./100 °C/Stufe 2 dünsten.

4 Mehl, Milch, Sahne, Brühpulver und etwas Pfeffer mit in den Mixtopf geben und 4 Min./90 °C/Stufe 2 garen.

5 Den Backofen auf 180 °C vorheizen. Eine Auflaufform einfetten. Die Champignons putzen und, falls nötig, trocken abreiben. Je nach Größe halbieren oder ganz lassen. Das Hähnchenbrustfilet waschen, trocken tupfen und in mundgerechte Stücke schneiden.

6 Etwas Öl in einer Pfanne erhitzen und das Geflügel darin bei mittlerer Hitze etwa 4 Minuten anbraten. Die Pilze hinzufügen und 1 bis 2 Minuten mitbraten. Mit Salz und Pfeffer würzen.

7 Nudeln, Hähnchen und Pilze in die Auflaufform füllen, mit der Rahmsauce übergießen und die Petersilie untermischen. Den Auflauf mit dem geriebenen Käse bestreuen und im Ofen auf der mittleren Schiene etwa 20 Minuten überbacken.

ZUTATEN

FÜR 4 PERSONEN
250 g Nudeln
(z.B. Penne oder Spirelli)
Salz
2 Zwiebeln
1 Knoblauchzehe
40 g Butter
1 TL Tomatenmark
1 TL Paprikapulver (edelsüß)
1 geh. TL Mehl
250 g Milch
200 g Sahne
1 ½ TL Gemüsebrühepulver
Pfeffer aus der Mühle
Öl für die Form und zum Braten
200 g Champignons
400 g Hähnchenbrustfilet
4 EL gehackte Petersilie
150 g geriebener Gouda

ca. 15 Min.
+ ca. 20 Min. Backzeit

KALBSRÖLLCHEN MIT KÄSESAUCE

1 Die Schnitzel, falls nötig, dünn klopfen und von beiden Seiten mit Salz und Pfeffer würzen. Den Rucola verlesen, waschen und trocken schütteln, grobe Stiele entfernen. Die Schnitzel jeweils mit einigen Stielen Rucola und 2 Tomaten belegen, aufrollen und mit einem kleinen Holzspieß fixieren.

2 Varoma mit Öl einstreichen. Die Kalbsröllchen in den Varoma legen (falls nötig, auch den Einlegeboden benutzen).

3 1000 g Wasser, 1 TL Salz und die Butter in den Mixtopf geben. Den Gareinsatz einhängen, den Reis einwiegen und mit dem Spatel kurz umrühren, damit der Reis rundum feucht ist. Varoma aufsetzen und 20 Min./Varoma/Stufe 2 garen.

4 Varoma absetzen, den Gareinsatz mithilfe des Spatels herausheben und 150 g von der Garflüssigkeit auffangen. Die Kalbsröllchen und den Reis warm halten.

5 Die Garflüssigkeit mit der Sahne, dem Gemüsebrühepulver und dem zerbröckelten Käse in den Mixtopf geben und 1 Min./30 Sek./90 °C/Stufe 3 verrühren. Nach Belieben nochmals mit Salz und Pfeffer abschmecken.

6 Die Holzspieße aus den Kalbsröllchen ziehen und die Röllchen zusammen mit der Käsesauce und dem Reis servieren.

ZUTATEN

FÜR 4 PERSONEN
8 Kalbsschnitzel (à ca. 80 g)
Salz · Pfeffer aus der Mühle
ca. 100 g Rucola
16 getrocknete Tomaten (in Öl)
Öl für den Varoma
20 g Butter
250 g Langkornreis
100 g Sahne
¼ TL Gemüsebrühepulver
100 g Roquefort

ca. 15 Min.
+ ca. 20 Min. im Gerät

ALL IN ONE

SCHWEINEFILET IM KRÄUTERMANTEL

1 Das Schweinefilet, falls nötig, von Fett und Sehnen befreien und mit Salz und Pfeffer würzen. Das Öl in einer Pfanne erhitzen und das Filet darin bei starker Hitze rundum anbraten. Das Fleisch aus der Pfanne nehmen (die Pfanne für später beiseitestellen) und in den Varoma-Einlegeboden legen. Die Bohnen putzen, waschen und in den Varoma legen. Dabei darauf achten, dass noch genügend Schlitze in den Varoma-Böden frei bleiben.

2 Die Kräuter waschen, trocken schütteln, verlesen und die Blättchen bzw. Spitzen von den Stielen zupfen. Die Kräuter im Mixtopf 5 Sek./Stufe 8 hacken, herausnehmen und beiseitestellen.

3 1 TL Salz in den Mixtopf geben, das Garkörbchen einhängen und den Reis einwiegen, 1200 g heißes Wasser über den Reis in den Mixtopf gießen und den Deckel ohne Messbecher aufsetzen.

4 Varoma aufsetzen, mit dem Deckel verschließen und etwa 30 Min./Varoma/Stufe 1 garen.

5 Varoma absetzen und das Schweinefilet herausnehmen. Die gehackten Kräuter und die Pfefferkörner auf ein Küchenbrett streuen und das Fleisch darin wälzen. Das Filet warm halten. Den Gareinsatz mithilfe des Spatels aus dem Mixtopf nehmen (3 EL Garfond dabei auffangen).

6 Die Butter in der Anbratpfanne erhitzen und die Bohnen darin schwenken. Den Garfond, Crème fraîche, Senf und Dill untermischen, mit Salz und Pfeffer würzen und aufkochen.

7 Das Schweinefilet in Scheiben schneiden und zusammen mit den Bohnen, der Senf-Dill-Sauce und dem Reis anrichten.

ZUTATEN

FÜR 4 PERSONEN
600–700 g Schweinefilet
Salz · Pfeffer aus der Mühle
2 EL Öl
600 g grüne Bohnen
1 Handvoll frische Kräuter (z.B. Petersilie, Dill, Majoran, Basilikum, Thymian)
250 g Langkornreis
2 EL zerstoßene bunte Pfefferkörner
1 EL Butter
150 g Crème fraîche
1 EL Dijon-Senf
2 EL gehackter Dill

ca. 15 Min.
+ ca. 30 Min. im Gerät

CREMIGES HÜHNERFRIKASSEE

1 Das Fleisch waschen, trocken tupfen und in etwa 2×2 cm große Würfel schneiden. Die Champignons putzen und, falls nötig, trocken abreiben. Varoma und Varoma-Einlegeboden mit Öl bestreichen. Gemüse, Pilze und Fleisch auf Varoma und Varoma-Einlegeboden verteilen, dabei darauf achten, dass noch genügend Schlitze in den Varoma-Böden frei bleiben. Varoma-Einlegeboden in den Varoma einsetzen.

2 1000 g heißes Wasser, Salz und 20 g Butter in den Mixtopf geben, den Gareinsatz einhängen und den Reis einwiegen. Mit dem Spatel kurz umrühren, damit der Reis rundum feucht ist. Varoma aufsetzen und 20 Min./Varoma/Stufe 2 garen.

3 Varoma absetzen und beiseitestellen. Den Gareinsatz mithilfe des Spatels herausnehmen und den Reis warm halten. Die Garflüssigkeit auffangen.

4 Restliche Butter und Mehl im Mixtopf 2 Min./90 °C/Stufe 3 verrühren. 400 g Garflüssigkeit (die Menge ggf. mit Wasser auffüllen) mit den restlichen Zutaten mit in den Mixtopf geben und 6 Min./100 °C/Stufe 4 kochen.

5 Das Fleisch, die Pilze und das Gemüse aus dem Varoma mit in den Mixtopf geben und 3 Min./100 °C/Linkslauf/Stufe 1 verrühren. Das Frikassee mit dem Reis anrichten und servieren.

ZUTATEN

FÜR 4 PERSONEN
480 g Hähnchenbrustfilet
100 g Champignons
Öl für den Varoma
250 g Gemüse Leipziger Allerlei (tiefgekühlt)
1 TL Salz
70 g Butter
250 g Langkornreis
50 g Mehl
100 g Milch
400 g Sahne
2 geh. TL Gemüsebrühepulver
2 TL Currypulver
1 Msp. Paprikapulver (rosenscharf)
1 Msp. Zimtpulver
30 g Zitronensaft
1 TL Zucker

ca. 10 Min.
+ ca. 25 Min. im Gerät

ALL IN ONE

FEUERTOPF MIT LAMM UND GEMÜSE

1 Die Zwiebeln schälen und vierteln, den Knoblauch schälen. Den Thymian waschen, trocken schütteln und die Blättchen abzupfen. Zwiebeln, Knoblauch und Thymian mit dem Olivenöl in den Mixtopf geben, erst 5 Sek./Stufe 4 zerkleinern, dann 3 Min./120 °C/Stufe 1 dünsten.

2 Das Fleisch mit in den Mixtopf geben und 5 Min./Varoma/Linkslauf/Sanftrühren garen.

3 Das Wurzelgemüse putzen, schälen und in mundgerechte Stücke schneiden. Das Gemüse mit Paprikapulver, Kreuzkümmel und Brühe mit in den Mixtopf geben und 10 Min./Varoma/Linkslauf/Stufe 1 garen.

4 Die Kartoffeln schälen, waschen und in mundgerechte Stücke schneiden. Die Kartoffelstücke mit in den Mixtopf geben und 20 Min./Varoma/Linkslauf/Stufe 1 garen.

5 Den Feuertopf nach Belieben mit Salz und Pfeffer abschmecken, auf Teller verteilen und mit jeweils 1 TL Crème fraiche und den Röstzwiebeln garniert servieren.

Tipp:

Statt mit Lamm kann man den feurigen Topf auch mal mit Hähnchenfleisch zubereiten.

ZUTATEN

FÜR 4 PERSONEN

2 Zwiebeln
2 Knoblauchzehen
3 Thymianzweige
30 g Olivenöl
400 g Lammfleisch aus der Keule (vom Metzger als Gulasch schneiden lassen)
500 g Wurzelgemüse (z.B. Möhre, Sellerie, Pastinake, Steckrübe)
1 TL Paprikapulver (rosenscharf)
½ TL gemahlener Kreuzkümmel
650 g Gemüsebrühe
300 g festkochende Kartoffeln
Salz · Pfeffer aus der Mühle
150 g Crème fraîche
4 TL Röstzwiebeln

ca. 15 Min.
+ 25 Min. im Gerät

SPINATCREMESUPPE MIT RÄUCHERLACHS

1 Die Zwiebel schälen und vierteln, den Knoblauch schälen. Beides im Mixtopf 3 Sek./Stufe 5 zerkleinern und mit dem Spatel nach unten schieben.

2 Die Butter dazugeben und 4 Min./120 °C/Stufe 3 dünsten. Den Spinat verlesen und waschen, grobe Stiele entfernen. Den Spinat in den Mixtopf geben und mithilfe des Spatels 2 Min./120 °C/Stufe 3 mitgaren.

3 Das Mehl und die Brühe hinzufügen und 7 Min./100 °C/Stufe 2 garen.

4 Crème fraîche und Salz dazugeben, mit Pfeffer, 1 Prise Zucker und Muskatnuss würzen und die Suppe erst 2 Min./100 °C/Stufe 2 erhitzen, dann 20 Sek./Stufe 7 pürieren.

5 Den Räucherlachs in Stücke zupfen und auf tiefe Teller verteilen. Mit der Spinatcremesuppe übergießen und heiß servieren.

ZUTATEN

FÜR 4 PERSONEN

1 Zwiebel
1 Knoblauchzehe
40 g Butter
500 g Spinat
30 g Mehl
750 g Gemüsebrühe
150 g Crème fraîche
1 TL Salz
Pfeffer aus der Mühle
Zucker
frisch geriebene Muskatnuss
125 g Räucherlachs

ca. 25 Min.

ALL IN ONE

MÖHREN-MINZ-SUPPE MIT LINSEN

1 Die Zwiebel schälen und vierteln, Knoblauch und Ingwer schälen. Die Chilischote längs halbieren, entkernen, waschen und in grobe Stücke schneiden. Die Möhren putzen, schälen und in grobe Stücke schneiden.

2 Das Gemüse im Mixtopf 4 Sek./Stufe 5 zerkleinern. Das Rapsöl dazugeben und 5 Min./Varoma/Stufe 1 dünsten.

3 Die Linsen und die Gewürze hinzufügen und 2 Min./Varoma/Linkslauf/Stufe 1 mitdünsten. Kokosmilch und Brühe dazugeben und 10 Min./100 °C/Linkslauf/Stufe 1 garen.

4 Die Suppe nach Belieben mit Salz abschmecken, die Minze unterrühren und mit einigen Minzeblättern garniert servieren.

ZUTATEN

FÜR 4 PERSONEN
1 Zwiebel
1 Knoblauchzehe
ca. 15 g Ingwer
1 rote Chilischote
500 g Möhren
30 g Rapsöl
90 g rote Linsen
1 TL Salz
Pfeffer aus der Mühle
1 Msp. Cayennepfeffer
1 Msp. gemahlener Kardamom
1 Msp. frisch gemahlene Muskatnuss
¼ TL Zucker
400 g Kokosmilch
250 g Gemüsebrühe
2 EL gehackte Minze
Minzeblätter zum Garnieren

ca. 15 Min.
+ ca. 10 Min. im Gerät

alles

ALL IN ONE

CHILI CON CARNE MIT SCHOKOLADE

1 Die getrockneten Tomaten in einem Sieb kurz abtropfen lassen, in den Mixtopf geben und 4 Sek./Stufe 8 zerkleinern. Die Tomatenpaste mithilfe des Spatels aus dem Mixtopf nehmen und beiseitestellen.

2 Die Zwiebeln schälen und vierteln, den Knoblauch schälen. Die Chilischote längs halbieren, entkernen, waschen und in grobe Stücke schneiden. Zwiebel, Knoblauch und Chili im Mixtopf 3 Sek./Stufe 8 zerkleinern und mit dem Spatel nach unten schieben.

3 Das Olivenöl dazugeben und 2 Min./Varoma/Stufe 1 dünsten. Hackfleisch, Chilipulver, Kreuzkümmel, Zimt und Salz hinzufügen und 5 Min./Varoma/Stufe 1 dünsten.

4 Die Kidneybohnen und den Mais in ein Sieb abgießen, abspülen und abtropfen lassen. Die vorbereitete Tomatenpaste, Kidneybohnen, Mais und Tomaten mit in den Mixtopf geben, den Mixtopfdeckel ohne Messbecher aufsetzen und 20 Min./Varoma/Linkslauf/Stufe 1 garen. 5 Minuten vor Ende der Garzeit die Zartbitterschokolade hinzufügen.

5 Das Chili con Carne nach Belieben nochmals mit Salz und Cayennepfeffer abschmecken und servieren.

Tipp:

Wer will, garniert das Chili mit einem Klecks saurer Sahne und serviert es mit knusprigem Baguette, Fladenbrot oder Tacos.

ZUTATEN

FÜR 4 PERSONEN
200 g getrocknete Tomaten (in Öl)
2 rote Zwiebeln
1 Knoblauchzehe
1 rote Chilischote
20 g Olivenöl
500 g Rinderhackfleisch
1 gestr. TL Chilipulver
1 TL gemahlener Kreuzkümmel
1 Msp. Zimtpulver
2 TL Salz
250 g Kidneybohnen (aus der Dose)
140 g Maiskörner (aus der Dose)
800 g stückige Tomaten (aus der Dose)
25 g Zartbitterschokolade

ca. 10 Min. + ca. 25 Min. im Gerät

SÜSSKARTOFFEL-CURRY MIT GARNELEN

1 Die Zwiebel schälen und vierteln, den Knoblauch schälen. Beides in den Mixtopf geben und 4 Sek./Stufe 5 zerkleinern. Die Mischung mit dem Spatel nach unten schieben. Die Butter hinzufügen und 3 Min./120 °C/Stufe 3 dünsten.

2 Die Möhren und die Süßkartoffeln putzen und schälen, die Kartoffeln schälen und waschen und alles in grobe Stücke schneiden. Das Gemüse mit in den Mixtopf geben und 9 Sek./Stufe 4 zerkleinern.

3 Die Currypaste hinzufügen und 3 Min./Varoma/Linkslauf/Stufe 1 andünsten. Die Brühe und die Kokosmilch dazugeben und das Curry 20 Min./100 °C/Linkslauf/Stufe 1 garen.

4 Die Garnelen waschen, etwas trocken tupfen, zum Curry geben und alles 5 Min./100 °C/Linkslauf/Stufe 1 fertig garen.

5 Das Süßkartoffel-Curry mit Salz und Zucker abschmecken und mit den Basilikumblättern bestreut servieren.

ZUTATEN

FÜR 4 PERSONEN
1 Zwiebel
1 Knoblauchzehe
40 g Butter
250 g Möhren
250 g Süßkartoffeln
250 g festkochende Kartoffeln
½ TL rote Currypaste
400 g Gemüsebrühe
1 Dose Kokosmilch (400 ml)
250 g Garnelen (vorgegart und geschält)
Salz
Zucker
1 Handvoll Basilikumblätter

ca. 30 Min.

+ SHAKE IT!

BEI KOKOSMILCH SETZT SICH DAS FETT AN DER OBERFLÄCHE AB – DESWEGEN SOLLTE MAN DIE DOSE VOR GEBRAUCH GUT SCHÜTTELN.

RUCKZUCK-MOUSSE

LUFTIGER SCHOKOGENUSS
FÜR DIE GANZE FAMILIE

KÄSE-KÜCHLEIN

TASSENWEISE
HOCHGENUSS

FROZEN YOGURT

FÜR EISKÖNIGINNEN, SCHNEEPRINZEN UND ALLE DIE AUF BEERIGE GESCHMACKSEXPLOSION STEHEN …

KAISER-SCHMARREN

DER KLASSIKER – EINFACH IMMER EIN RENNER

RUCKZUCK-MOUSSE

1 Die Zartbitterschokolade in Stücke brechen und im Mixtopf 12 Sek./Stufe 6 zerkleinern.

2 Kakaopulver und Sahne hinzufügen und 30 bis 35 Sek./Stufe 6 cremig rühren. Die Mousse in vier Dessertgläser füllen und bis zum Servieren kühl stellen.

3 Die Ruckzuck-Mousse mit Himbeeren und etwas Minze garniert servieren.

ZUTATEN

FÜR 4 PERSONEN
100 g Zartbitterschokolade
80 g kakaohaltiges Getränkepulver
500 g gut gekühlte Sahne
Himbeeren und Minze zum Garnieren

ca. 4 Min.

ALL IN ONE

FROZEN YOGURT

1 Den Zucker im Mixtopf einwiegen und 10 Sek./Stufe 10 zu Puderzucker mahlen.

2 Die noch gefrorenen Beeren dazugeben und 12 Sek./Stufe 8 zerkleinern.

3 Den Rühraufsatz einsetzen, den Joghurt hinzufügen und 30 Sek./Stufe 5 verrühren. Den Frozen Yogurt sofort servieren.

ZUTATEN

FÜR 4 PERSONEN
80 g Zucker
300 g gemischte Beeren (tiefgekühlt)
100 g griechischer Joghurt

ca. 2 Min.

ALL IN ONE

KAISERSCHMARREN

ZUTATEN

FÜR 4 PERSONEN
160 g Zucker
4 Eier
400 g Milch
Salz
1 Pck. Vanillezucker
200 g Mehl
1 geh. TL Backpulver
160 g Müsli (z. B. mit Früchten)
Butterschmalz zum Ausbacken

ca. 25 Min.

1 80 g Zucker im Mixtopf 10 Sek./Stufe 10 zu Puderzucker mahlen und herausnehmen. Rühraufsatz einsetzen. Die Eier trennen. Eiweiße im Mixtopf 5 Min./Stufe 3 zu festem Eischnee schlagen, herausnehmen und kühl stellen. Rühraufsatz entfernen.

2 Milch, Eigelbe, den restlichen Zucker, 1 Prise Salz, Vanillezucker, Mehl und Backpulver in den Mixtopf geben und 35 Sek./Stufe 4 verrühren. Den Eischnee und das Müsli dazugeben und mithilfe des Spatels 45 Sek./Stufe 3 unterheben.

3 Backofen auf 80°C vorheizen. Die Hälfte des Teiges in einer Pfanne in etwas Butterschmalz bei mittlerer Hitze backen. Wenn der Teig fest ist, wenden. Mit zwei Pfannenwendern auseinanderzupfen, fertig backen und im Ofen warm stellen. Restlichen Teig ebenso zubereiten und mit Puderzucker bestäubt servieren.

KÄSEKÜCHLEIN

ZUTATEN

FÜR 4 PERSONEN
Butter und Müsli für die Form
50 g Sahne
1 Ei
125 g Magerquark
60 g Vanillepuddingpulver
25 g Zucker
1 Pck. Vanillezucker
150 g Heidelbeeren
4 EL Müsli

ca. 10 Min.
+ ca. 30 Min. Backzeit

1 Den Backofen auf 160 °C vorheizen. Vier ofenfeste Dessertgläser, -förmchen oder Tassen einfetten und mit Müsli ausstreuen.

2 Sahne, Ei, Quark, Puddingpulver, Zucker und Vanillezucker im Mixtopf 1 Min. 30 Sek./Stufe 5 verrühren. 75 g Heidelbeeren dazugeben und 30 Sek./Linkslauf/Stufe 4 unterrühren.

3 Die Creme auf die vorbereiteten Förmchen verteilen. Die restlichen Heidelbeeren und jeweils 1 EL Müsli obenauf geben. Die Käseküchlein im Ofen auf der zweiten Schiene von unten etwa 30 Minuten backen.

4 Die Käseküchlein herausnehmen, etwas abkühlen lassen und noch warm servieren.

SÜSSER GRIESSBREI MIT HIMBEERCOULIS

1 Milch, Sahne, Grieß, Zucker, Vanillezucker, Salz und Vanillemark im Mixtopf 15 Min./100 °C/Linkslauf/Stufe 4 garen. Den Grießbrei auf vier Schälchen verteilen und den Mixtopf reinigen.

2 Für die Himbeercoulis etwa zwei Drittel der Himbeeren mit dem Puderzucker in den Mixtopf geben und 5 Min./100 °C/Stufe 1 garen.

3 Die restlichen Himbeeren dazugeben und 10 Sek./Linkslauf/Sanftrühren unterheben.

4 Die Himbeercoulis und die Mandelblättchen auf dem Grießbrei verteilen und servieren.

ZUTATEN

FÜR 4 PERSONEN
300 g Milch
200 g Sahne
60 g Weichweizengrieß
40 g Zucker
1 Pck. Vanillezucker
1 Prise Salz
ausgekratztes Mark von ½ Vanilleschote
250 g Himbeeren
1 geh. TL Puderzucker
50 g geröstete Mandelblättchen

ca. 25 Min.

+ BEERENZEIT ...

... IST SCHLEMMERZEIT: ERDBEEREN, HEIDELBEEREN ODER BROMBEEREN ANSTELLE DER HIMBEEREN PROBIEREN!

KINDER-LIEBLING

REGISTER

A/B

C

E

F

G

H

K

L

M

N/P/Q

R

S

T

V

W/Z

DER AUTOR: OLAF BRUMMEL

Olaf Brummel liebt es lecker, leicht und schnell, wenn es ums Essen geht. Seit dem Beginn seiner Karriere als Koch in Pflaums Posthotel Pegnitz in der Fränkischen Schweiz kreiert Olaf Brummel raffinierte Gerichte ohne großes Brimborium - und deshalb sind seine Rezepte einfach perfekt für das Rundum-sorglos-Küchengerät. Nach Stationen in Paris, Rouen und Bielefeld widmet er sich inzwischen schwerpunktmäßig dem Foodstyling und der Rezeptentwicklung.

HINWEIS

Der Verlag weist ausdrücklich darauf hin, dass für das Gelingen der Rezepte und die Anwendungshinweise ausschließlich der Verlag und nicht die Vorwerk Deutschland Stiftung & Co. KG, Geschäftsbereich Thermomix®, verantwortlich ist. Der Verlag besitzt keine Markenrechte am Zeichen Thermomix®. Thermomix® ist eine Marke der Vorwerk International AG. Zwischen der ZS Verlag GmbH und der Vorwerk International AG bzw. deren verbundenen Unternehmen besteht keine Verbindung.
Die in diesem Buch abgedruckten Markennamen sind rechtlich geschützt. Sie werden lediglich im Rahmen von Rezepten und Informationstexten verwendet. Alle Rezepte und Texte hat der Verlag gewissenhaft geprüft, dennoch können wir keine Garantie für die Vollständigkeit und Richtigkeit der darin enthaltenen Informationen übernehmen. Die Haftung für Schäden, die durch die Nutzung oder Nichtnutzung der im Buch enthaltenen Informationen entstehen, ist deswegen ausgeschlossen. Bitte beachten Sie unbedingt die Gebrauchsanweisung Ihres Thermomixgeräts®.

IMPRESSUM

Kaiserstraße 14 b | D-80801 München

ISBN 978-3-89883-668-5
1. Auflage 2017

Projektleitung: Alexandra Gudzent
Rezepte: Olaf Brummel
Lektorat & Texte: Katinka Holupirek
Grafische Gestaltung: Seidldesign, Irene Schulz
Fotografie und Foodstyling:
Fotos mit Geschmack (Ulrike Schmid & Sabine Mader)
Herstellung & Producing: Jan Russok
Druck & Bindung: optimal media GmbH, Röbel

Die ZS Verlag GmbH ist ein Unternehmen der Edel AG, Hamburg.
www.zsverlag.de | www.facebook.com/zsverlag